말투 연습을 시작합니다

신경원 지음

말투 연습을 시작합니다

애쓰지 않고
원하는 것을 얻는
대화의 기술

샘터

스스로 말을 잘하지 못한다고 생각해도
당신은 잘할 수 있다.

스스로 말을 잘한다고 생각해도
당신은 지금보다 더 잘할 수 있다.

_ 래리 킹

애쓰지 않고
원하는 것을 얻고 싶다면

더운 여름날이었다. 학교 앞의 화장품 매장을 지나는데 당시 최고의 인기를 누리던 여배우가 바른 립스틱이 눈에 들어왔다. 검붉은 장밋빛 립스틱… 살까 말까 한 달 동안 고민하다가 언니에게 물어보고 나서야 샀다. 대학 졸업할 때까지 사소한 판단과 결정까지도 언니와 엄마에게 물어보는 소심쟁이에, 철도 없었다. 아무런 준비도 없이 대학을 졸업했고, 그런 나에게도 첫 출근의 기회는 어렵지 않게 찾아왔다. 그런 시절도 있었다.

출근을 며칠 앞둔 나에게 아버지는 이런 말씀을 해주셨다. "사회생활을 잘하려면 열 명의 내 편을 만드는 것보다 한 명의 적을 만들지 않는 것이 중요하다." 고개를 끄덕였다. 그때는 몰랐다. 그 말을 새겨듣지 않았던 까닭에 내 삶이 어떻게 흘러갈지를.

이십 대에 경험한 사회라는 곳은 젖과 꿀이 흐르는 땅이었다. 대학 때 돈이 너무 없었던 이유였을까. 회사에서 꼬박꼬박 월급을 주니 영혼까지 팔 기세로 열심히 일했다. 자본주의의 달콤함에 취해 사람들에게 상처를 주었고, 좋은 사람들이 내 곁을 떠나게 만들었다. 나는 열 명의 적을 쉽게 만들고, 한 명의 내 편을 어렵게 만들면서 사회적인 성취와 성공을 향해 내달렸다. 돌이켜보면 나는 원하는 것을 얻기 위해 무던히도 애를 썼다. 그 과정에서 본의 아니게 다른 사람들에게 불편한 상황을 만들었고, 가까운 사람들과 대화가 잘 통하지 않는 사람이었던 것이다.

우리가 인생에서 얻고 싶은 것은 사랑, 행복, 성공이다. 언제나 함께하고 싶은 사랑하는 사람들, 편안하고 행복한 감정, 자신이 원하는 만큼의 사회적인 성공이 있다면 부러울 것 없는 인생이다. 이 세 가지를 함께 지키는 사람도 있지만 나는 한때 성공을 위해 사랑과 행복을 희생시켰다.

사회인이 된 후 24년이라는 세월이 흘렀다. 국내 대표적인 리조트전문기업 D(현재 S기업), 고객서비스 전문기업 H, 미국 게임개발사

B기업에서 마케팅과 고객서비스 업무를 하며 십 년간 직장 생활을 했고, 두 번의 사업을 했다. 현재는 남편과 함께 이벤트&디자인기획 사업을 하고 있다. 정말 열심히 일했고 많은 사람들을 만났다. 단 한 순간도 노력하지 않은 순간이 없다. 그럼에도 불구하고 일과 인간관계에 실패를 경험해야 했다. 성공이 무너지고 나서야 사랑과 행복도 지키지 못했다는 것을 알게 되었다.

　가까운 사람들과의 대화에서 자신의 진심이 통하지 않고, 말이 안 통해서 답답했던 경험이 있을 것이다. 직장에서 동료와 갈등 없이 대화하고 싶고, 사람들 앞에서 어떻게 말을 잘할 수 있을지 고민되는 순간이 있었을 것이다. 인간관계를 잘하고 싶지만 상처받는 것이 두렵기도 하고, 인간관계에 더 이상 애쓰고 싶지 않지만 외로울까 봐 걱정되기도 하는 마음이 지금 자신의 상황일 수 있다.

말투 하나로,

인간관계를 좀 더 편하게 할 수 있다면

직장 생활을 좀 더 즐겁게 할 수 있다면

자신의 꿈꾸는 모습을 좀 더 빨리 이룰 수 있다면

자신의 말투에 변화를 가지지 않을 이유는 없다. 이 책은 직장이나 일상 생활에서 활용할 수 있는 말투와 대화법에 대한 이론과 나의 경험을 바탕으로 다양한 사례와 구체적인 실천 방법을 담았다.

애쓰지 않고 원하는 것을 얻으려면,

자신이 받고 싶은 만큼의 관심과 존중을 타인에게 준다.

낯선 사람뿐 아니라 가까운 사람들과의 대화에도 친밀과 흥미를 담는다.

어디서나 환영받을 수 있는 호감의 말투, 존중의 말투, 신뢰의 말투로 대화한다.

말투를 주제로 한 책을 쓰고 '내 인생의 반성문'이라고 읽게 되지만 아이러니하게도 나는 어떤 상황에서도 인복과 식복이 따랐다. 누구나 말투에 강점과 약점이 있다. 자신의 강점은 더 빛나게 하고, 자신의 약점은 보완하는 데 이 책이 도움 되길 바란다. 아무리 깊은 바다도 결국 물 한 방울이 모여 이룬 것이다. 말 한마디가 모여 말투가 되고, 말투가 모여 내가 원하는 것을 얻을 수 있게 된다. 당신에게 행운이 있기를!

인간관계와 대화법을 연구하면서 가장 많은 변화는 나에게 있다. 여전히 매 순간 반성하고 각오를 다짐하지만 앞으로 더 부지런히 공부하고 훈련할 생각이다. 나의 경험과 말투라는 주제에 관심을 기울여준 출판사에 각별한 감사 인사를 전한다. 하나님과 양가 부모님께 감사를, 나의 소중한 지홍, 시윤, 지안에게 사랑을 전한다.

차
례

●○○

'컬리'라는 이름의 예쁜 개가 우리 집에 놀러 왔다. 털이 곱슬해서 마치 양처럼 보이는 베들링턴 테리어 종이다. 컬리는 꼬리를 살랑거리고 팔짝팔짝 뛰며 처음 본 우리에게 어떤 경계심도 없이 다가왔다. 우리 가족은 순식간에 컬리와 친구가 되었다. 사람들이 개에게 마음을 완전히 빼앗기는 이유는 개는 진심으로 사람에게 관심을 갖기 때문이다. 사람들은 타인과 잘 지내기 위해 많은 노력을 한다. 그 노력이 자주 수포로 돌아가는 이유는 상대방의 관심을 끌려고 하기 때문이다. 사람의 마음을 사로잡는 것은, 좋은 인상을 남기려는 '가짜 관심'이 아니라 상대방에 대한 관심 외에 다른 목적이나 욕심이 없는 '진짜 관심'이다.

PART 1

사람의 마음을 사로잡는
관심의 말투

마음이 통하는
진짜 관심의 말투

작년에 낯선 지역으로 집과 사무실을 옮겼다. 이사하기 전까지만 해도 새로운 이웃을 만나는 것에 불편을 겪을 것이라는 생각은 조금도 하지 않았다. 사회성과 사교성이 충만하지는 않지만 낯선 사람과 대화하는 데에는 문제가 없다고 생각했기 때문이다. 하지만 예상과는 달리, 이사 후 낯선 이웃들과의 대화에 어려움을 겪게 되었다. 마스크가 데일리 룩이 된 이 타이밍에 인간관계의 새로운 국면까지 맞게 될지는 나도 몰랐다.

우리는 어린 시절부터 인간관계에 신경을 많이 쓰고 산다. '나는 저 친구와 놀고 싶은데 저 친구는 왜 나와 놀지 않을까?'에서부터 시작된다. 학생은 공부보다, 성인은 일보다 인간관계로 인한 스트레스가 더 버겁기도 하다. 삶의 전체를 볼 때 스트레스의 일등 공신은 단연 인간관계가 차지할 것이다.

우리는 알게 모르게 인간관계에 대한 불안감을 껴안고 있는데, 사람들과 비교적 잘 지내는 경우라도 예외는 아니다. 낯선 사람이나 친밀하지 않은 사람을 만날 때 '만나서 대화를 잘할 수 있을까?', '대화를 하다가 실수를 하지는 않을까?'라는 걱정을 한다. 이런 걱정의 뿌리는 타인의 시선이다. 타인의 시선이나 평가를 무심하게 받아들이는 사람도 있지만, 나를 비롯해서 대부분의 사람들은 타인의 시선에서 자유롭지 못하다.

타인의 시선을 지나치게 의식하면 대화에 두려움을 느끼게 된다. 마음속에 호감 가는 사람으로 보이고 싶은 욕구가 강할수록 불안감은 더 기승을 부린다. 이 말이 위안이 될지 모르겠다. 인간관계에 대해 완벽한 자신감을 가진 사람은 없다.

대부분의 사람들은 대화에 두려움을 가지고 있다. 경중의 차이가 있을 뿐이다. 사람들은 낯선 사람과 대화할 때 긴장하고, 가까운 사람의 속마음에 대해서도 끊임없이 고민한다. 가까운 친구나 연인이 나를 진심으로 좋아하는지, 나를 이해하는지, 진짜 속마음을 나눠도 되는지 끊임없이 고민한다. 이런 고민이 쓸데없다고 생각되거나 구차하다고 생각되기도 하고, 내가 못난 사람인가 하는 자괴감에 빠지기도 한다. 사랑해서 결혼했지만 막상 결혼하고 나서 상대방의 마음을 믿지 못해서 갈등하는 부부도 많다. 인간관계에 대한 고민은 상황과 대상이 바뀔 뿐 어김없이 계속된다.

타인의 시선을 무시하고 살 수는 없다. 타인의 시선을 의식하지 못하면 눈치 없는 사람이 되고, 타인의 시선에 지나치게 신경 쓰면 마음의 병을 키우게 된다. 어차피 공존할 운명이라면 타인의 시선에 신경 쓰는 자신을 편하게 받아들이는 편이 낫다. 그런 고민과 갈등은 쓸데없는 것이 아니라 관계의 성장에 좋은 밑거름이 된다. 타인의 시선으로부터 편안해지기 위해 다음 세 가지를 기억하기 바란다.

첫 번째, 사람들은 나의 말과 행동에 내가 생각하는 만큼 신경 쓰지 않는다.

두 번째, 사람들은 대부분 호감 가는 사람이 되고 싶어한다. 내가 상대방의 시선에 신경 쓰는 만큼 다른 사람들도 나의 시선에 신경을 쓰고 있다.

세 번째, 상대방의 시선보다 상대방 자체에 관심을 쏟는 것이 더 중요하다.

'남들도 나와 같다'는 생각은 불안한 마음을 잠재우는 데 큰 도움이 된다. 타인을 대할 때 부담감을 안고 있으면 상대방에게 불편함이 그대로 전달된다. 이 불편함이 쌓이면 상대방과 나 사이의 심리적인 거리가 된다. 마음속에 상대방의 시선에 대한 불안감 대신 상대방에 대한 관심을 담아보자. 한결 마음이 편안해질 것이다.

💬 상대방의 시선에 대한 불안감

'내가 말실수하면 어떻게 하지?'

'나에게 실망하면 어떻게 하지?'

'내 말 때문에 기분이 나쁘면 어떻게 하지?'

💬 상대방에 대한 관심

'나와 어떤 공통점이 있을까?'

'요즘 어떤 고민을 하고 있을까?'

'내가 어떤 말을 할 때 흥미를 느낄까?'

직장에서는 타인의 시선이 모여서 고스란히 숫자로 드러난다. 함께 일하는 구성원들의 시선이 모여 평판이 되고, 평판은 일련의 과정을 거쳐 평가로 기록된다. 그 기록이 누군가에게는 공포가 되고, 누군가에게는 동기부여가 된다.

　나는 직장에서 좋은 평가를 받는 편이었다. 좋은 평가 덕에 속이 꽉 찬 성과급을 받았고, 승진도 빨랐다. 직장인 7년 차일 때, 평가 앞에서의 나의 오만은 공손히 머리를 조아려야 했다. 상사의 평가만 반영되는 시스템에서 팀원과 동료의 평가까지 반영되는 시스템으로 바뀌었다. 부하 직원이 좀 되바라져도 열과 성을 다하는 모습에 높은 점수를 주었던 상사의 평가 때와는 달랐다. 팀원들의 평가는 냉혹했다. '나는 조직의 부적합자인가?'라는 질문을 수도 없이 나에게 해야 했다.

　구글의 수석 디자이너인 김은주의 이야기이다. 그녀는 구글에 입사한 후 일 년 동안, 능력의 한계와 타인의 시선에 대한 두려움으로 깊은 슬럼프에 빠졌다. 세계의 천재들이 모인다는 그곳, 화려한 스펙의 그녀도 그런 두려움을 느끼다니! 슬럼프에 빠진 많은 직장인들에게 한편 반가운 고백이 되었을 것이다. 그녀는 자신이 평가에 대한 두려움을 극복한 이야기를 하며 '평가에 담기지 않는 자신의 가치를 잊지 말자'라는 메시지를 전했다.

　우리는 태어나면서부터 평가를 받는다. '키가 크다, 말이 빠르다, 소근육 발달이 빠르다'와 같은. 성장함에 따라 학생은 성적으로, 직장인은 인사고과로 새로운 기준을 만나게 된다.

나는 팀원들의 평가를 '인간 신경원'에 대한 평가라고 받아들였다. 그들은 그저 팀장 신경원의 리더십을 평가했을 뿐인데 말이다. 영유아 때 아이의 키가 전체 5% 정도 수준(또래 연령의 100명 중 다섯 번째로 작은 정도)이라는 평가를 받으면 부모는 아이에게 문제가 있다고 생각하지 않는다. 키가 작다는 사실을 인지하고 키가 잘 크는 방법을 찾을 뿐이다. 직장에서의 평가도 마찬가지이다. 평가 항목에 따라 자신을 더 성장시키면 된다. 사실, 상처받을 일은 없다.

왜 상처받을까? 자신에게 관심을 기울이지 않고 타인의 평가에만 관심을 기울이다 보니, 자신의 전체가 부정당한 듯 상처를 입게 된다. 평가뿐 아니라 삶의 어떤 순간에도 흔들리지 않기 위해서는 자신의 가치와 존재를 소중하게 여겨야 한다. 타인에게도 마찬가지이다. 나는 팀원들에게 보이는 나의 관심이 진짜라고 착각했다. 부하 직원에게 관심을 가져야 하는 상황에서 일의 성과에만 관심을 가지면 말투에서 고스란히 드러난다. 부하 직원이 제안서 마감이 얼마 안 남은 상태에서 몸이 아프다고 하거나 연차를 써야 한다고 할 때 상사의 대답이다.

💬 부하 직원에게 가짜 관심을 갖는 상사

"왜, 어디가 아파요? 제안서 마감이 얼마 안 남았는데 어떻게 하려고 그래요?"

"연차를 써야 한다고요? 음, 써야 한다면 어쩔 수 없죠. 그런데 무슨 일이에요?"

💬 부하 직원에게 진짜 관심을 갖는 상사

"왜, 어디가 아파요? 제안서 마감이 얼마 안 남아서 걱정되겠지만 일단 쉬세요. 제안서는 좋은 방법을 함께 생각해봐요."

"연차를 써야 한다고요? 혹시 집에 안 좋은 일 있는 건 아니에요? 회사 걱정 말고 연차 쓰세요."

가짜 관심을 가지는 상사의 말투에는 '해야 할 일에 대한 우려'가 있고, 진짜 관심을 가지는 상사의 말투에는 '부하 직원에 대한 걱정과 배려'가 있다. 말투를 통해 고스란히 그 마음이 전해진다.

직장에서 성과와 목표를 뒷전에 둘 수는 없다. 팀장이나 프로젝트 책임자는 더 그렇다. 팀원들이 일을 잘하도록 이끌어주는 것도 중요한 역할이다. 하지만 팀원이 없으면 팀장도 없고 성과도 없다는 것을 잊어서는 안 된다. 성과는 밀어붙이는 불도저 기술로 내는 것이 아니다. 자신에게 진심으로 관심을 가져주는 상사의 말에 부하 직원의 능력치는 급상승한다. 진짜 관심을 가지고 대할 때 마음이 통하고, 성과를 이루는 과정이 즐거울 수 있다.

●○○

이사한 지 일 년이 되었다. 그 시간 동안, 인간관계에 대해 자만해선 안 된다는 배움과 어디에나 좋은 사람들은 있다는 희소식을 몸소 익혔다. 낯설기만 했던 동네가 편안해졌다. 이삼십 대에는 몸에 딱 맞는 옷을 즐겨 입었다. 꽉 끼는 옷 때문에 밥은 반 공기만 먹어야 했는데도 불편하다고 생각하지 않았다. 모든 것은 익숙해지면 편안해진다. 그런 편안함을 얻기 위해서 기다림이 필요하다. 타인의 시선과 평가에도, 그것을 의식하는 자신에게도 익숙해지기 바란다. 그렇게 해서 얻은 편안함으로 자신과 타인에게 더 깊은 관심을 가지는 것이 좋겠다.

평가를 피해서 직장을 벗어나니 또 다른 평가가 기다리고 있었다. 사업을 해도, 작가가 되어도 평가는 멈추지 않는다. 자신도, 타인들도 세상에 하나밖에 없는 소중한 존재이고, 가치 있는 사람인 것을 기억하자.

발칙한 말투 vs.
진솔한 말투

　　친구들 모임이 있었다. 주은이가 헤어 스타일을 파격적으로 바꿨다. 긴 머리카락을 아주 짧게 자르고 푸른색으로 염색까지 했다. 마음속으로 '긴 머리가 참 잘 어울렸는데 아쉽다.'라는 생각이 들었다. 마침 주은이가 물어본다. "내 헤어 스타일 어때?"라고. 나는 머릿속에 떠오른 생각을 솔직하게 말했다. 그리고 내 말이 채 끝나기도 전에 후회했다.

　　한번은 대학원 모임이었다. 이성에게 유독 인기가 많은 여자 후배가 있었다. 여자가 봐도 매력적인 외모였는데 가장 큰 매력은 쌍꺼풀 없이 큰 눈이었다. 그 후배가 쌍꺼풀 수술을 하고 나타났다. 눈에 쌍꺼풀이 있으면 이목구비가 선명해 보이는데 자신의 얼굴은 밋밋한 것 같아서 열등감이 있었다고 했다. 자신의 눈에 만족한 듯 환하게 웃으며 쌍밍아웃하는 그 후배를 향해 "무쌍이 참 예뻤다."라고 하마터면 솔직하게 말할 뻔했다.

대화를 할 때 자신의 속마음을 있는 그대로 말하는 사람들이 있다. 솔직하게 말하는 것이 진실이라고 믿거나 말주변이 없어서 돌려서 말을 못하기 때문이다. 나는 안타깝게도, 솔직하게 말해야 한다는 신념은 있고 돌려서 말하는 센스는 없었다. 헤어 스타일을 바꾼 주은이에게는 "긴 머리 예뻤는데… 왜 그랬어? 무슨 일 있어?"라며 직언 강행군을 했고, 쌍밍아웃한 후배에게는 말은 안 했지만 무너진 얼굴 표정으로 속마음을 다 드러냈다.

솔직한 표현은 자기 입장에서 편한 표현이다. 솔직함이 이성에게는 매력적으로 보일 수도 있다. 하지만 드물지 않게 상대방에게 상처 주는 말이 된다. 모든 사실과 진실이 솔직함의 옷을 입고 세상에 나올 필요는 없다. 솔직함을 포장해야 하는 상황은 늘 우리 앞에 펼쳐진다. 헤어 스타일을 바꾼 주은이 옆에 유미가 있었다. 둘은 이렇게 대화했다.

"주은이 너는 긴 머리가 정말 어울렸는데 짧은 머리도 잘 어울리네."

"정말? 정말 괜찮아?"

"응, 괜찮아. 긴 머리를 워낙 오래 했잖아. 큰 변화를 주었으니까 처음엔 좀 어색할 수도 있는데 시간이 지날수록 더 예쁠 것 같아."

"다행이다. 기분이 우울해서 기분 전환하려고 헤어 스타일을 바꿨는데… 안 어울리는 것 같아서 더 우울했었어."

"아, 그랬구나. 그런데 무슨 일 있었어? 왜 기분이 우울했어?"

"사실… 남자 친구랑 얼마 전에 헤어졌어."

"아, 그런 일이 있었구나. 많이 힘들겠네."

두 친구의 대화를 들으면서 주은이에게 정말 미안했다. 친구의 마음을 헤아리며 대화를 이어가는 유미의 말센스에 'RESPECT!'가 절로 나왔다.

사람들은 주로 '내가 하고 싶은 말'을 한다. 상대방에게 관심을 기울이면 상대방이 듣고 싶은 말을 알 수 있다. 상대방이 원하는 말을 다 해줄 수는 없지만 그중에서 내가 할 수 있는 말을 찾을 수 있다. 나는 솔직했다고 생각하지만 무례함이 동반되면 '듣기 싫은 말'이 된다. 정확한 사실을 알리려는 의도라고 합리화하고 싶겠지만, 정확한 사실은 상대방이 궁금해할 때 알려줘도 늦지 않다. 상대방이 듣고 싶은 말에 나의 솔직함을 더하면 '센스 있는 말'이 된다.

지금 가장 가까이에 있는 사람의 속마음에 대해 열 개의 질문을 던지면 몇 개나 맞출 수 있을까? 우리는 대화하는 상대방에 대해 잘 알고 있다고 생각하지만, 실제 그렇지 않다. 사람들은 시시때때로 변하는 자신의 속마음을 전부 말로 표현하지 않는다. 말로 표현하지 않는 상대방의 속마음과 감정을 완전히 이해한다는 것은 쉽지 않다. 그래서 세심하게 관심을 기울일 필요가 있다. 친밀하지 않은 사람은 물론이고, 가까운 사람을 대할 때도 미처 몰랐던 사람을 대하듯 할 필요가 있다.

관심이 지나치면 간섭이 된다. 자신의 관심이 무조건 도움이 될 것이라는 생각은 관계를 망치는 참사를 부를 수 있다. 관심을 갖되 간섭은 하지 않아야 한다.

상대방과 대화를 하면서 나에게 듣고 싶은 말이 있는지 관심을 기울이자. 상대방이 듣고 싶은 말 중에서 내가 할 수 있는 말을 하는 것이 '정제된 솔직함'이다. 앞의 두 사례는 듣고 싶은 말이 있는 상황이다. 자신의 외모에 변화를 주었는데 "그건 잘못된 선택이야. 완전 실패야!"라는 타인의 의견에 미소 지을 사

람은 없다. 뾰족한 솔직함을 그대로 드러내면 '발칙한 말투'가
되고, 솔직함을 잘 다듬으면 '진솔한 말투'가 된다. 진솔한 말투
는 감동을 남기지만, 발칙한 말투는 심기 불편을 남긴다.

💬 발칙한 말투

"헤어 스타일 바꾸기 전이 더 잘 어울렸어. 왜 갑자기 이렇게
한 거야. 무슨 일 있어?"
"너는 쌍꺼풀이 없는 눈이 더 잘 어울려. 도대체 왜 한 거야?"

💬 진솔한 말투

"헤어 스타일 멋지다. 스타일을 바꾼 지 얼마 안 돼서 어색할
수 있지만 이 스타일은 또 다른 매력이 있네. 예전 헤어 스타일
도 잘 어울렸는데 새로워 보여."
"쌍꺼풀이 없는 큰 눈이라서 매력적이라고 생각했는데 너에게
그런 속마음이 있었구나. 이목구비가 더 또렷해져서 정말 매
력적인 얼굴이 되겠다."

일을 하다보면 솔직하게 의견을 말해야 할 때가 있다. 특히
부정적인 피드백을 말하면서 상대방의 기분을 지켜주기는 쉽

지 않다. 그것을 매우 잘하는 한 사람을 알고 있다. C기업의 마케팅 담당자인 최지은 부장이다. 그녀는 내가 아는 한, 어떤 상황에서도 호감 가는 말투의 일인자이다. 그녀가 준비하는 중요한 세미나를 돕고 있을 때였다. 중간 점검차 관계자들이 모였다. 미팅 도중 우리 직원이 중요한 사안을 놓치고 있다는 것을 알게 되었다. 세미나 중 가장 핵심이 되는 강연자를 섭외하는 문제였다. 1순위에 있던 강연자 측에서 아직 확답을 받지 못했던 것이다. 언제나 평온한 그녀의 표정이 순식간에 굳어지는 것을 보고야 말았다.

"대리님, 아직 확인이 안 되었어요? 저는 별 얘기가 없어서 준비가 잘 되고 있는 줄 알았어요."

"부장님, 정말 죄송합니다. 제가 체크를 못했습니다."

잠시 짧은 침묵이 흐른 후, 그녀는 차분한 말투로 다시 말을 이었다.

"네, 최대한 빨리 확인해주세요. 꼭 섭외하고 싶은 분입니다."

"네, 미팅 끝나는 대로 바로 확인하겠습니다."

"그럼… 다음 체크 사항으로 넘어갈게요."

"다음은 행사장 동선에 대한 부분입니다."

사실, 노발대발할 사안이었다. 그녀는 흔들리는 감정을 추스르고 단호하지만 부드러운 말투로 당부했다. 그날의 미팅은 그 일을 제외한다면 잘 끝났다. 미팅이 끝나고 사무실로 돌아와서 그녀에게 전화를 했다.

"부장님, 아까 일은 정말 죄송합니다."

"네, 제가 좀 당황했습니다. 항상 잘 도와주셔서 믿고 있었어요."

"네, 제가 좀 더 신경을 썼어야 하는데 면목이 없습니다."

"잘 아시겠지만 이번 행사는 아주 중요합니다. 실수가 있으면 안 됩니다. 작년보다 규모도 더 커졌고 경쟁사에서도 관심을 많이 가지기 때문에 제 어깨가 많이 무겁습니다."

"네, 그럼요…."

"이사님, 지금도 잘 도와주시지만 조금 더 신경 써주시면 좋겠습니다."

"네, 잘 알겠습니다. 저도 더 신경 쓰겠습니다."

"항상 감사합니다. 잘 부탁드립니다."

그녀는 솔직한 심정을 털어놓았다. 진솔한 말투였다. 우리는 그 행사에 더 신경을 썼고, 다행히 성공적으로 마무리할 수 있었다.

그녀는 행사를 준비하다가 본인 계획대로 잘 되지 않을 때에도 언제나 태연했다. 늘 괜찮다고 말했고, 대안을 흔쾌히 받아들였다. 성공적인 행사에만 관심을 기울이는 담당자들도 있고, 행사 성공에 대한 의욕이 넘치다보면 우리에게 '갑질'을 할 때도 있다. 막말과 몹쓸 감정 투하에 우리 직원들이 폭풍 오열하는 일도 있다. 그녀는 행사의 성공뿐 아니라 우리의 수고에도 늘 관심을 기울인다. 그녀에게 가장 많이 듣는 말은 "감사합니다.", "잘 부탁드립니다.", "덕분에 잘 끝났습니다."이다. 우리 직원들은 기꺼이 더 열심히 일하고, 행사는 언제나 기대 이상으로 성공적이다.

C기업의 세미나에서 섭외 1순위였던 강연자 섭외를 하지 못했다. 이미 연말까지 일정이 꽉 차 있었다. 다행히 섭외 2순위였던 강연자의 일정을 확보했다. 최지은 부장은 "중간 점검하면서 알았으니 다행이에요. 섭외된 강연자도 좋아요. 애쓰셨습니다." 라고 말했다. 그녀는 까다로운 동료에게도 언제나 같은 태도로 대한다.

우리 직원의 실수를 알았을 때 실망하고 화가 나고 걱정하는 그녀의 감정이 고스란히 말투에서 드러났더라면 직원은 깊은 슬럼프에 빠졌을 것이다. 책임감이 강한 그 직원에게는 이미 자신의 실수 자체가 형벌이었기 때문이다. 나는 최지은 부장의 '예의 바른 솔직함' 앞에서 머리 숙여 그 태도와 말투를 배울 수밖에 없었다.

서로에 대한 성실한 태도는 유지하면서 서로에게 유익할 수 있다면, 솔직함은 조금 덜어내도 괜찮다. 떠오르는 생각이나 감정은 불가피하지만, 그것을 표현하는 것은 자신의 선택이다. 감정을 조금 덜어내고 말을 조금 덜어내도 충분하고 솔직하게 전달할 수 있다. 발칙보다는 진솔을 택하는 편이 더 좋다.

●○○

한 병원에는 임종을 앞둔 환자를 위해 마련되어 있는 임종병실이 있다. 그곳에는 모든 장기가 기능을 멈추고 청각만 살아 있는 환자를 위해 음악을 들을 수 있는 스피커가 준비되어 있다. 그런데 가족들조차 환자가 평소 좋아하는 음악이 뭔지 알지 못하는 경우가 많다고 한다. 가까운 사람들에 대해 충분히 알고 있다고 생각해선 안 된다. 깊은 관심을 가지고 상대방에 대해 알아가는 것만으로도 대화의 가치는 충분하다.

비극을 부르는
편견의 말투

　　F기업의 행사 담당자인 이민경 과장에 대한 이야기이
다. 그 기업의 행사는 색다른 아이디어가 많아서 늘 기대가 되
곤 했다. 그런데 그 기업을 담당하는 우리 직원이 그녀를 '참 이
상한 사람'이라고 말했다. 행사를 준비하는 과정에 엉뚱한 이야
기를 계속해서 행사 준비를 혼란스럽게 한다는 것이다. 어느새
나는 그녀를 이상한 사람으로 인식하고 있었다. 어떤 계기로 내
가 그녀를 자주 만나야 할 상황이 되었다. '이상한 사람이라는
데… 대화가 통할까?'라는 생각에 만나기 전부터 불편함이 앞
섰다. 그런데 막상 만나보니 그녀는 매우 똑똑하고 사려 깊은 사
람이었다.

우리는 스스로 인식 못하는 사이에 사람이나 사물에 대한 편견과 선입견을 가지고 있다. 보통 여성스러운 옷차림을 한 여자를 보면 성격도 여성스럽고 요리도 잘할 것이라고 생각하고, 고급스럽게 포장된 상품은 고가의 상품일 것이라고 생각하는 경향이 있다. 이것을 심리학 용어로 '후광 효과'라고 한다. 어떤 대상이 가지고 있는 하나의 강점이 그 대상의 다른 특성을 평가하는데 영향을 미치는 현상을 말한다. 반대로 하나의 단점이 그 대상의 전체를 부정적으로 평가하는 것을 '뿔 효과'라고 한다. 도깨비 뿔처럼 못난 것 하나로 인해 전체를 나쁘게 판단하는 현상이다. '뚱뚱한 사람은 게으르고 업무수행능력이 떨어진다'고 평가한다면 '뚱뚱한 몸'이 도깨비 뿔 역할을 하는 것이다. 도깨비 뿔의 함정에 빠지면 편견을 가지고 상대방을 보게 된다.

B기업에 근무할 때 타 부서에 오피스 빌런인 상사가 있었다. 한번은 임원들까지 참석하는 매니저 회의에서 회사의 서비스 정책 한 가지를 바꾸어야 한다는 나의 제안에 그가 반대를 했다.

"우리 정책을 바꿀 필요가 없어요. 소비자들한테 휘둘려서는 안 되죠."

언제나처럼 그의 목소리는 단호하고 조금의 여지도 없었다.

"부장님, 경쟁업체를 조사해봤는데 모두 우리 회사 정책과 다릅니다. 그런 정책에 익숙해져 있어서 우리 회사 정책에 대한 불만이 높은 것 같습니다."

"다른 회사에서 그런 서비스를 제공한다고 우리가 그대로 따라해선 안 됩니다. 현재 정책을 소비자들에게 인식시키는 것이 맞습니다."

"부장님, 소비자들의 불만이 너무 많아요. 우리 팀에 매일 폭탄이 떨어져요."

내 목소리에 화가 차오르기 시작했다.

"그런 걸 잘해내라고 있는 팀이죠. 회사에서는 그 정책을 그대로 지켜야 합니다."

"소비자들의 소리도 들어야 합니다."

격해지는 둘의 대화로 인해 회의에 참석한 모두가 불편해졌다. 나의 직속 상관이 말리지 않았다면 나는 더 만신창이가 되었을 것이다. 인간 불도저에도 급이 있다면 그는 대형 불도저급으로, 밀어붙임의 끝판왕이었다. 그와 의견 대립이 생기면 몹시 피곤해지기에 대부분 적당히 피해나갔다. 그날 이후로는 나도 웬만하면 그를 피했다.

그도 나도 그 회사를 떠난 후, 우연히 연락이 닿아 만나게 되었다. 그는 나를 '독실한 크리스천에, 술도 한 잔 못 마시는 고리타분한 캐릭터(아, 쌈닭이라고도 했다)'로 기억하고 있었다. 빌런과 꼰대의 대화, 이상하게 잘 통했다. 비 오는 날을 좋아하고, 알고 보면 마음이 여리다는 의외의 공통점이 있었다. 그는 (여전히 술을 못하는) 나와 술을 마시며 진작 친하게 지내지 않은 것을 아쉬워했다.

편견은 공정하지 못하고 한쪽으로 치우친 생각이다. 편견의 이웃사촌쯤으로 보이는 선입견은 미리 보거나 들은 것을 자신의 생각으로 고정하는 것이다. 편견과 선입견 없이 누군가를 대하는 것은 쉽지 않다. 우리의 생각 중 어떤 것이 편견이나 선입견인지 구분조차 못 할 수도 있다. 이 둘의 시너지 효과는 어떤 관계도 막을 수 있는 강력한 힘을 발휘한다. 그를 빌런이라고 단정 짓고 대화를 하니 나의 말투는 공격적이었다. 만약 그 대화로 다시 돌아간다면 이렇게 대화를 했을 것이다.

"네 맞습니다. 부장님. 저도 그렇게 생각합니다. 혹시 해서 경쟁업체를 조사해봤는데 모두 우리 회사 정책과 다르더라고요. 그런 정책에 익숙해져 있어서 우리 회사 정책에 대한 불만이 높은 것 같습니다. 한번 검토해주시면 감사하겠습니다."

그리고 회의가 끝난 후, 그를 찾아가서 부탁하고 조언을 구했을 것이다.

"부장님, 저희 팀에 매일 폭탄이 떨어져요. 이러다가 소비자들이 야구방망이 들고 찾아올 것 같아요. 좋은 방법이 없을까요?"

벤저민 프랭클린은 "적이 당신을 한 번 돕게 되면, 나중에는 더욱 더 당신을 돕고 싶어하게 된다."라는 말을 남겼다. 빌런의 내면에 있는 '나를 도와줄 영웅'을 만나야 한다. 그 영웅의 도움을 구하기 위해서는 호소하는 말투로 다가가야 한다. 내가 빌런이라고 단정짓지 않았다면 그 회사에서 좀 더 수월하게 일을 할 수 있었을 것이다.

진짜 악마는 서로에 대해 더 알려고 노력조차 하지 않는 '각자의 선입견'이다. 편견이나 선입견이 자신의 인간관계를 진두지휘하도록 놔두면 그로 인한 손해는 고스란히 자신의 몫이다. 친구가 될 수 있는 사람과 적이 되게 하고, 잘 통할 수 있는 사람과의 대화를 차단하기도 한다. 빌런에게도, 꼰대에게도 기회를 열어두기 바란다. 열일은 노트북이 아니라 인간관계로 하는 경우가 대부분이다.

사람들은 흔히 다른 사람의 의도를 잘 모르면서 이미 잘 안다고 생각한다. 더구나 의도를 잘 모를 때 상대방의 의도를 나쁜 것으로 간주한다. 상대방의 의도를 단정짓기 전에, 상대방의 말을 끝까지 듣고 '진짜 의도'에 관심을 가져야 한다. 사람들의 말과 행동에는 복합적인 의도가 있지만 때로는 아무런 의도가 없을 때도 있다.

F기업의 이민경 과장은 상상력이 풍부하고 아이디어가 넘쳤다. 행사를 준비하다가 문득 떠오르는 생각들을 이야기하곤 했다. 항상 즉시 반영하자는 의도는 아니었다. "좋은 생각이네요. 다음에 꼭 해봐요."라고 맞장구쳐주어도 되었다. 그녀는 대학 졸업 후 세계를 다니며 다양한 경험을 한 사람이었다. 나는 그녀의 모험담에 늘 빠져들었고, 일에 대해서도 배울 점이 많았다. 선입견 때문에 그녀와 대화의 기회조차 가지지 않았다면 그녀는 그저 이상한 사람으로 남았을 것이다. 그녀와의 관계가 희극이라 참 다행이다.

편견과 선입견이 없는 유연한 대화를 위해서는 우선, 모든 사람이 편견을 갖는다는 사실을 인정해야 한다. 내 머릿속에도 '잘못된 확신'이 있을 수 있다는 사실을 염두에 두어야 한다. 대화를 할 때 자신의 생각은 한쪽으로 잠시 치워두고, 그 대화를 위한 공간을 따로 만들어보자. 텅 빈 공간을 상대방의 말로 채울 때 선입견과 편견은 힘을 잃을 것이다.

🗨️ 편견의 말투

"그럴 줄 알았어. 네가 그런 사람인 줄 이미 알았어."

"네가 하려는 말은 이런 말이지. 이미 알고 있었어."

"너는 내가 생각한 대로 이기적인 사람이야."

🗨️ 유연한 말투

"그러고보니 너의 말이 맞아. 일깨워줘서 고마워."

"너의 생각이 궁금해."

"나는 생각이 좀 다른데, 너는 왜 그렇게 생각해?"

●○○

외국으로 여행이나 출장을 갈 때 주로 국내 항공사의 비행기를 이용하다가 처음으로 유럽의 한 항공사를 이용한 적이 있다. 탑승을 하고 보니 몇 명의 승무원이 사십 대, 오십 대쯤으로 보였다. 늘 젊은 승무원들만 보아서인지 나이 많은 승무원들은 왠지 불편했다. 선뜻 요구 사항을 말하기가 어색하고 어려웠다. 그런데 다른 승객들을 대하는 그녀들을 보니 매우 친절했고 노련했다. 나도 용기 내어 말을 했고 의외로 정말 편했다. 계속 선입견을 가지고 말 한마디 못했다면 긴 탑승 시간의 불편함은 피할 수 없었을 것이다. 편견이나 선입견을 없애면 우리에게 더 많은 기회가 열린다. 자기 자신에 대해서도 마찬가지이다. '나는 여자니까 먼저 고백하지 말아야 해.', '나는 원래 부끄럼이 많아서 사람들 앞에서 말할 수 없어.'와 같은 생각은 자신의 세상을 좁게 만들 뿐이다.

왜 내 마음을
몰라줄까?

결혼 초, 혼신을 다해 부부 싸움을 할 때가 있었다. 말싸움 끝에 남편이 이런 말을 했다. "말을 안 해도 다 알아주기를 바래?"라고. 정답이다. 말하지 않아도 내 마음을 잘 알아주는 남자와 결혼해서 행복하게 사는 꿈을 꾸었다. 내 맘대로 로망은 결국 로망일 뿐, 마음까지 읽는 반려 로봇이 나오는 세상이라지만 (그때의) 남편은 말하지 않으면 모르는 사람이었다.

말하지 않아도 마음을 알아주는 것, 인간의 영역에서 어느 정도나 가능할까? 나를 낳아준 부모도, 내가 낳은 자식도 결코 쉬운 일이 아니다. 말이 잘 통하는 연인이나 부부가 함께하는 시간이 더 많아지면서 상대방의 생각과 감정을 좀 더 잘 읽게 될 수도 있다. 하지만 완벽하게, 말하지 않아도 알기는 어렵다.

사람들이 내 마음을 몰라주는 이유는 간단하다. 표현하지 않기 때문이다. 표현하는데도 모르는 경우가 있다. 상대방이 이해할 수 없는 언어로 표현하기 때문이다. 상대방이 내 마음을 알아주기를 바란다면 상대방이 이해하는 언어로 정확하게 표현해야 한다. 말하지 않아도 내 마음을 알아주기를 바라는 생각은 상처를 낳는다. 상처는 갈등을 낳고, 갈등은 또 다른 상처를 낳는다. 악순환이다.

한때 속마음을 표현하는 것에 매우 서툴렀다. 친구들이 "신비주의가 콘셉트야?"라고 말할 정도였다. 주변을 둘러보면 자신의 속마음을 잘 표현하는 사람보다 나와 같은 사람들이 더 많다. 속마음을 표현하지 못하는 이유는 세 가지이다.

첫 번째, 부끄럽기 때문이다. 괜히 말했다가 자신을 이상한 사람이나 못난 사람으로 보는 건 아닌지 걱정이 되고 두려움이 생긴다.

두 번째, 자신의 속마음을 자신도 모르기 때문이다. 사람들은 자신의 진짜 감정을 모를 때가 많다. 감정은 매우 복잡하고 스스로 위장을 잘하기 때문에 자신조차 구분을 못하기도 한다.

세 번째, 말할 기회를 놓치기 때문이다. 말할 기회를 한두 번 놓치다보면 가슴에 계속 쌓인다. 나중에는 말하고 싶지만 어디서부터 어떻게 말해야 할지 모르기 때문에 포기하게 된다.

자신의 속마음을 덮어두면 상대방의 말과 행동에서 문제의 원인을 찾게 되고 상대방을 탓하게 된다. 모든 속마음을 다 말할 수는 없다. 말하지 못하는 속마음을 흘려보내야 할 때도 있다. 흘려보내지도 못하고 쌓아놓으면 관계를 망치는 시한폭탄이 된다. 좋은 관계를 유지하려면 자신의 속마음을 잘 표현할 줄 알아야 한다.

💬 상대방을 탓하는 말투

"결혼기념일에 꽃다발 하나도 준비 못해요?"

"이번 달 영업 목표 달성하려면 아직도 멀었는데 그러고 있으면 어떻게 해?"

"약속 시간 잊어버렸어? 늦으면서 왜 연락도 안 해!"

💬 속마음을 알리는 말투

"결혼기념일에 예쁜 꽃을 받고 싶어요. 나는 당신이 좋아하는 와인을 준비할게요."

"이번 달 영업 목표 달성이 안 되고 있어서 좀 걱정스럽네. 이유가 뭘까?"

"우리 7시에 약속한 거 맞지? 연락이 없어서 시간 맞춰서 오는 줄 알았어. 무슨 일 있었어?"

가까운 사이라고 해서 속마음을 모두 알아야 하는 것은 아니다. 상대방의 속마음을 알고 싶은데 상대방이 말하지 않으면 참 답답하다. 속마음이 궁금해서 답답하고, 대화가 안 통해서 답답하다. 그러다보면 이유도 모르는 채 싸우게 된다. 이런 싸움은 감정 낭비가 크기 때문에 서로를 지치게 만든다.

B기업에서 팀장으로 있을 때이다. 직속 부하인 이현아 대리와 회사에서는 서로 말을 높였고, 사적인 자리에서는 편하게 말했다. 언젠가부터 회사에서 서로에게 불만의 기류가 흘렀다. 편한 분위기에서 대화를 해보려고 술자리를 마련했다. 그때나 지금이나 술을 잘 못하는 나는, 술과 안주가 나오기도 전에 전투태세에 돌입했다.

"나한테 불만 있어? 불만 있으면 말 좀 해볼래?"

그녀는 고개 숙였다 들었다 반복하며 테이블만 보았다.

"무슨 말을 하면 한 귀로 듣고 한 귀로 흘리기만 하고… 무슨 생각을 하는지 얘기 좀 해봐. 내가 술자리까지 만들었는데… 할 말 없어?"

나도 감정이 상해 있던 터라 말투가 곱지 않았다. 불편한 대화를 시작하는 요령이 없어서 미리보기도, 인트로도 없었다. 그날 그녀에게서 어떤 말도 듣지 못했다. 그 자리를 계기로 서로 더 불편해지기만 했다. 상대방이 속마음을 말하게 만드는 가장 좋은 방법은 '물어보기'가 맞다. 그러나 추궁하거나 대답을 강요해서는 안 된다. 그때의 나는, 그렇게 비호감 상사의 캐릭터를 찰떡같이 소화해냈다. 당시 팀원들에게 나와의 면담은 스릴러물이었다고, 오랜 세월이 흐른 후 들을 수 있었다. 이현아 대리와 이렇게 대화를 했으면 어땠을까?

"현아 대리, 요즘 우리 사이가 좀 불편하지? 편하게 이야기 좀 해보고 싶어서…. 내가 이런 얘기를 잘하는 편이 아니라서 좀 어색한데, 나한테 서운한 게 있으면 이야기해주면 좋겠다. 오늘 아니면 다음에 이야기해줘도 되고…. 안주 나왔네. 우선 먹자."

상대방의 눈빛이나 행동을 보고 뭔가 이상하다는 느낌이 들 때가 있다. 그때 즉시 물어보는 것이 좋다. 그때를 놓치면 서로의 생각과 감정이 각자의 오해로 발전할 가능성이 높다. 물어볼 때는 진심 어린 관심을 가지고 '친절하게' 물어봐야 한다.

상대방이 선뜻 속마음을 대답하지 못할 수 있다. 시간 차를 두고 다시 물어봐야 한다. 그 시간 동안 상대방은 자신의 속마음을 정리하고 말할 용기도 생긴다. 속마음을 말하는 것이 자연스럽고 편안 사람도 있지만 안 해본 사람에게는 어렵다. 모든 처음은 용기가 필요하고 연습을 하면 잘하게 된다. 속마음을 말하는 것도 마찬가지이다.

🗨 속마음을 추궁하는 말투

"도대체 뭐가 기분이 나빠?"

"말을 좀 해봐. 답답하게 인상만 쓰고 있어."

"됐어. 말하기 싫으면 관둬."

🗨 속마음을 진심으로 묻는 말투

"기분이 안 좋아? 무슨 일 있는지 얘기해줄 수 있어?"

"표정이 안 좋아 보이는데 혹시 나한테 서운한 게 있어?"

"왜 그러는지 얘기해주면 좋겠어. 같이 해결 방법을 찾아보자."

우리는 직장에서 많은 시간을 보낸다. 함께 일하다보면 몸은 가깝지만 마음은 멀어지기도 한다. 상사에게, 동료에게, 부하 직원에서 말하고 싶은 속마음을 말하지 못하고, 상대방의 속마음이 궁금해도 물어보지 못하고 마음앓이를 한다. '과연 진심이 통할까? 속마음을 말해봐야 나만 호구 되는 게 아닐까?' 하는 생각이 들기도 한다. 좋은 관계를 얻기 위해서는 자신의 속마음을 말하는 것, 가까운 사람의 속마음을 아는 것은 반드시 필요하다.

상사가 자신의 수고와 노력을 알아주지 않는 것 같아서 서운할 때가 있다. 상사가 알아주기를 바라는 것보다 상사의 관심을 유도하는 것이 좋다. 우리 회사 직원들 중에서 자신의 역할과 성과를 어필하면서 원하는 것을 당당하게 표현하는 직원도 있고, 그저 묵묵하게 일하는 직원도 있다. 작은 회사이기 때문에 묵묵하게 일을 하는 직원에게도 신경을 쓸 수 있지만, 그가 진정으로 원하는 바가 맞는지 몰라서 아쉬울 때도 있다. 오히려 좋은 성과를 보여주면서 명확하게 원하는 바를 이야기하면 더 편하다. 승진에 대한 생각, 맡고 싶은 업무, 희망 연봉 등 자신이 바라는 것을 당당하게 말하고, 그 이상으로 열심을 다하는 것이 현명한 방법이다.

말할 때는 사적인 자리에서 '자연스럽고 친밀하게' 할 수도 있고, 면담의 기회를 만들어서 '정중하고 공손하게' 할 수도 있다.

한 남자는 기회가 되면 해외지사에서 근무해보고 싶다는 이야기를 상사에게 말했다. 오래 고민한 끝에 용기 내어 말했는데, 너무 횡설수설하게 말해서 괜히 말했다며 곧바로 후회했다. 그런데 얼마 후 그는 해외지사에서 근무하게 되었다.

'내 마음을 왜 몰라줄까?' 생각만 하지 말고 용기를 내보자.

●○○

이현아 대리는 나보다 더 오랫동안 그 회사를 다녔다. 그 회사를 그만둔 후에는 우리 회사에서 몇 개월간 나를 도와주었다. "사람이 어떻게 이렇게 변하지? 예전에 그 신 팀장 맞나?"라며 우스갯소리까지 해가면서 나의 변화에 놀라워했다. 더불어 내 과거의 악행들을 낱낱이 고해주었다. 참 요령이 없던 삼십대였다. 그때 팀원들에게도 미안하고 나 자신에게도 안타까운 생각이 든다. 좀 더 즐겁게 직장 생활을 할 수도 있었을 텐데… 하는 아쉬움이 많이 남는다.

짝사랑으로 마음의 병을 앓는 사람은 상대방에게 고백하고 나면 속이 후련해진다. 자신의 마음을 받아주는지 아닌지는 두 번째 문제이다. 꼭 해야 할 말은 하고 살자. 상대방의 속마음도 듣고 살자.

갈등을 키우는 '그런데'
갈등을 재우는 '그리고'

B기업에 있을 때이다. 직속 상관이 나를 불렀다. 그는 우리 팀을 포함한 부서를 총괄하는 부서장이었다.

"신 팀장, 경력직으로 채용하려는 후보 있잖아요. 그 사람 혹시 입사했다가 바로 퇴사하면 어떻게 하죠?

"음… 그건 누구를 채용해도 마찬가지 아닌가요?"

"그 사람이 우리 회사 업종의 경력이 없어서 적응할 수 있을까 싶은데…."

"업종의 경력은 없어도 우리 팀에서 필요한 경력을 충분히 갖추었잖아요. 그래서 최종 후보로 결정한 거 아니에요?"

"아니 그런데… 좀 소심해 보이던데 사람들과 잘 어울릴 수 있을까?"

"휴… 이사님. 그건 며칠 전에도 물어 보셨잖아요!"

경력직 한 명의 최종 채용 여부를 결정하는 단계였는데 매일 이런 질문들이 쏟아졌다. 최종 면접을 한 지 3개월이 넘었는데 당사자에게 최종 합격 통보를 못하고 있었다. 언제나 대화의 끝은 나의 한숨이었다. 그 상사와 매사에 갈등이 심했다. 지나치게 꼼꼼하고 준비가 철저한 그의 업무 방식이 비효율적이라고 생각했다. 불필요한 문서 작업도 많았다. 직속 상관이었기에 고스란히 그 상황들을 감당할 수밖에 없었지만 그를 도무지 이해할 수 없었다. 그는 나에게 찐꼰대였다.

우리는 언제나 갈등의 상황에 맞닥뜨린다. '점심은 뭘 먹을까?'와 같은 사소한 결정부터 비즈니스 협상이나 자녀 양육과 같은 중요한 결정에 이르기까지 다양하다. 특히 부부와 연인 사이에는 아주 사소한 일로 감정이 상해서 큰 싸움이 되기도 한다. 갈등의 상황이 안 생기는 것이 좋겠지만 어디에나 갈등은 존재한다. 우리가 할 수 있는 최선은 갈등의 상황을 현명하게 대처하는 것이다.

서로 다른 의견이 갈등으로 발전하는 이유는 옳고 그름을 구분하려는 생각 때문이다. 사람들은 '내가 옳고 당신은 틀렸다'는 전제에 확신을 가진다. 무의식 중에 자신이 옳다는 사실을 밝히려는 강박증이 있다. 논리적인 설명과 감정적인 호소를 총동원해서 상대방을 설득하려고 한다.

만약 대화의 전제가 '당신이 항상 옳다.'라면 어떨까? 결혼 전, 감성이 이성을 지배하던 구 남친(현 남편)은 항상 나의 판단이 옳다고 했다. 반대 의견이나 자기 주장이 없었기 때문에 그렇게 잘 통할 수가 없었다. 데이트를 막 시작한 연인 사이나 상명하복을 지켜야 하는 특정 직업군에서는 이런 전제가 성립될 수도 있지만, 일반적인 관계에서는 드물다. 결혼해보니 남편도 반대 의견과 자기 주장이 강한 사람이었다.

갈등의 상황을 피하기 위해서는 이 두 가지 전제에 대한 대안이 필요하다. 대안은 상대방의 의견에서 옳은 것을 찾거나 내의견에서 옳지 않은 것을 찾아보는 것이 될 수 있다. '내가 옳아. 그리고 상대방도 옳을 수 있어.'라는 전제를 가지고 유연하게 사고해야 한다. 그래야 대화의 초점이 자신의 옳음을 증명하려는 노력에서 상대방의 생각과 가치관을 이해하려는 노력으로 자연스럽게 옮겨질 수 있다.

우리는 나와 다르면 이상한 사람이라고 생각한다. 어느 누구도 항상 옳을 수도, 틀릴 수도 없다. 서로 다를 뿐이다. 많은 사람들에게 지혜와 통찰을 주는 법륜스님은 항상 옳을까? 사람들의 고민에 대한 그의 명쾌한 해석과 제시에 항상 박수를 보내고 있지만 내 생각과 다를 때도 있다. 갈등을 피하기 위해서는 다음의 방법을 추천한다.

갈등을 피하는 3단계 방법

1단계, 갈등이 시작되는 시점을 인지한다.

갈등의 시작은 서로 의견이 다르고, 각자의 의견을 주장하려고 할 때이다. 그때 자신의 뇌에 "지금 갈등이 시작되었어."라고 메시지를 보내야 한다.

2단계, 내가 옳다는 주장을 잠시 멈춘다.

자신의 옳음을 증명하려는 욕구를 누르고 말을 멈추어야 한다. 자신의 뇌에 "말하지 마. 우선 멈춰."라고 메시지를 보내야 한다.

3단계, 상대방의 감정을 읽는다.

갈등의 시작 단계에 보통 사람들은 1차 감정을 느끼게 되는

데 초조, 불안, 곤혹, 외로움, 걱정, 슬픔, 실망, 고통과 같은 감정이다. 이 감정을 읽으면 말로 표현하는 것이 좋다. 만약 1차 감정을 읽지 못한 채 갈등이 이어진다면 2차 감정인 분노가 드러나게 된다. 1차 감정을 놓친 상태에서 상대방의 분노를 보면 '왜 화를 내지? 나를 무시하나? 내가 만만한가?'라고 해석하면서 자신도 분노하게 된다. 갈등은 걷잡을 수 없게 된다.

대화하면서 이성적으로 판단하는 것이 어려울 수 있다. 그럴 때는 축구 경기의 해설자처럼 그 대화에서 거리를 두고 상황을 파악하는 것이 좋다. 그 대화의 해설자가 되어보자. "아, 지금 갈등이 시작되었어요. 신경원 선수는 자신의 주장을 잠시 멈춰야 해요. 지금 상대방은 어떤 감정일까요? 뭔가 불안해 보이지 않나요? 신경원 선수, 그 상태에서 자신의 주장을 하면 갈등이 커지게 됩니다. 신경원 선수!"라고 말이다. 자신의 욕구를 누르고 감정을 추스르는 데 효과적이다. 의식적으로 이 과정을 반복하다 보면 어느 순간에는 무의식적으로 이성적인 사고를 하게 된다.

🗨 갈등을 키우는 자기 주장의 말투

"나는 너를 생각해서 한 말인데 왜 화를 내고 그래?"

"당신의 의견은 옳지 않아요. 내 말 좀 들어보세요."

"이사님, 그렇게 일하는 것은 비효율적이에요."

💬 상대방의 감정을 읽는 말투

"내 말이 너에게 상처를 주었구나."

"당신은 충분히 그렇게 생각할 수 있겠네요."

"이사님, 걱정이 많이 되시죠? 어떻게 하는 게 좋을까요?"

'갈등을 피하는 3단계'는 단 몇 초 만에 이루어지는 짧은 과정이다. 이 과정을 통해 대화가 갈등의 상황으로 가는 것을 피했다면, 그 다음은 어떻게 해야 할까? 갈등을 키우는 말을 삼가면서 대화를 이어나가야 한다.

화장품회사의 신상품 출시를 앞두고 홍보용 굿즈의 디자인 시안에 대해 담당자들이 설전을 벌이고 있다. 디자인팀은 시안이 충분하다는 의견이고, 마케팅팀은 바꾸어야 한다는 의견이다.

마케팅팀 가은 : 파우치 사이즈와 디자인이 좋네요. 그런데 세진 님, 이번 마케팅 전략과는 안 맞아요.

디자인팀 세진 : 이번 신상품은 삼십 대가 타깃이잖아요. 삼십

대가 선호하는 디자인이고, 신상품의 키 비주얼을 반영했어요. 그런데 뭐가 안 맞다는 말인가요?

마케팅팀 가은 : 이번 신상품을 연말에 출시하는 이유가 연말 선물 아이템으로 홍보하려고 하는 거잖아요. 그런데 연말 연시나 크리스마스의 느낌이 전혀 안 들어갔잖아요.

디자인팀 세진 : (옅은 한숨을 쉬며) 신상품 콘셉트에 연말 느낌까지 들어가면 디자인이 너무 조잡해져요.

마케팅팀 가은 : 아니, 그런데, 세진 님! 마케팅팀 의견을 왜 반영을 안 하는 거예요?

디자인팀 세진 : 반영을 안 하는 게 아니잖아요. 디자인에 기본 원칙이라는 것이 있잖아요. 애초에 신상품과 톤을 맞춰 달라는 요청도 반영되었고요. 그런데 지금 와서 가은 님이 그렇게 이야기하시면 어떻게 해요?

직장에서 흔히 경험할 수 있는 것이 팀 간의 의견 차이이다. 서로 다른 의견을 조율하느라 진땀을 빼기도 하고, 진흙탕 싸움으로 가기도 한다. 더 좋은 성과를 위해 각 팀에서 의견을 내놓는 것은 빠질 수 없는 과정이다. 그 과정 중에 사단사단(사용해야 할 단어와 사용해서는 안 될 단어)을 구분하지 못하면 진짜 사단이 난다. 바로 '그리고'와 '그런데'이다.

'그리고'를 사용해서 대화를 이어가면 상대방의 생각과 감정을 해치지 않으면서 자신의 생각과 감정을 표현할 수 있다. '그런데'를 사용하면 자신의 주장을 펼치느라 상대방의 생각과 감정을 해치게 된다. 설전을 벌이는 대화에서 양쪽 모두 '그런데'를 사용했다. 이 대화에 '그리고'를 사용하면 다음과 같이 된다.

마케팅팀 가은 : 파우치의 사이즈와 디자인이 좋네요. 소비자들이 좋아할 것 같아요. 그리고 세진 님, 아쉬운 점이 있다면 연말연시나 크리스마스 느낌이 안 들어간 거예요.

디자인팀 세진 : 음… 신상품 콘셉트에, 연말 느낌까지 들어가면 디자인이 좀 조잡해질 것 같아요. 그리고 파우치만 봐도 신상품이 연상될 수 있는 것이 좋겠다는 것이 디자인팀의 의견이었어요.

마케팅팀 가은 : 아, 그럴 수 있겠네요. 디자인팀 의견도 일리가 있어요. 좀 번거로우시겠지만 시안 작업을 한 가지만 더 부탁드려도 될까요? 마케팅에서는 시즌성 굿즈를 기획했던 거라서 연말 느낌이 꼭 필요합니다. 지금 시안도 좋으니까 두 가지 중에 결정하면 어떨까요?

디자인팀 세진 : 음… 네, 팀장님께 보고드리고, 다른 프로젝트 일정에 차질이 없으면 작업해볼게요.

마케팅팀 가은 : 감사합니다, 세진 님. 꼭 부탁드립니다.

디자인팀 세진 : 아, 그리고 가은 님. 다음부터는 꼭 반영되어

야 할 사항은 시안 작업 전에 알려주세요.

마케팅팀 가은 : 아, 네! 잘 알겠습니다. 그렇게 하겠습니다.

'그런데'는 반감의 단어이다. '그런데'로 시작하면 상대방을 거부하고 자신의 의견을 주장하는 내용이 이어지게 된다. 그럴 의도가 없었다 하더라도 상대방의 심기를 자꾸 건드리게 된다. '그런데'는 갈등을 더 크게 부풀리는 이스트 역할을 한다. '그리고'는 수용의 단어이다. 상대방을 이해하고 자신의 의견도 표현할 수 있는 내용이 이어지게 된다. 서로 이해하게 되었으니 함께 이 문제를 해결할 방법을 찾아보자는 의도가 전달되기 때문에 상대방도 호의적으로 받아들일 수 있다.

사적인 관계에서도 마찬가지이다. 대화 중에 자신이 '아니, 그런데', '그런데 말이야'의 애용자가 아닌지 생각해보기 바란다. 그 단어를 쓸 때마다 상대방에게 반감을 선물했고, 자신은 비호감의 사람이 되었을 것이다.

P기업의 VIP 초청행사를 준비할 때였다. P기업에서는 전 임원이 TFT를 구성할 정도로 중대한 행사였다. 그 행사의 담당자는 준비 기간 내내 예민모드였다. 사소한 일만 생겨도 우리 직원

들에게 전화해 화를 내고 독촉했다. 직원들은 하루 건너 눈물 바람이었다. 참고 있던 어느 날 그와 통화하다가 (계획된) 화를 냈다. "부장님, 왜 그렇게 우리 직원들에게 화를 내세요? 좋게 말씀하셔야죠. 다들 열심히 준비하고 있는 거 안 보이세요?"라고 했다. 그는 나에게도 불같이 화를 내더니 전화를 끊어버렸다.

그날 저녁, 그에게 전화했더니 퇴근 전이었다. "부장님, 아직 퇴근 안 하셨어요? 많이 힘드시죠? 아까 화내서 죄송합니다."라고 사과했다. 그는 잠을 설칠 정도로 많이 힘들다면서 미안하다고 했다. 그렇게 눈물 바람으로 준비한 행사는 성공리에 끝났다. 그 부장은 우리에게 많이 미안했던지, 행사 당일 회장을 비롯한 주요 임원들에게 나를 소개하며 "정말 고생 많았다."며 공을 우리에게 돌렸다.

갈등의 상황이 생겼을 때 마무리를 잘하는 것은 무엇보다 중요하다. 상대방의 마음을 헤아려주는 마무리가 없으면 피해자만 있는 막장 싸움이 될 뿐이다.

갈등 상황을 피하기 위해 할많하않(할 말은 많지만 하지 않겠다)을 선택하는 사람도 있다. 갈등 자체가 나쁜 것이 아니다. 일을 할 때는 갈등의 과정을 통해 최상의 결과물을 얻을 수 있고, 가까운 사람들과는 서로의 속마음을 확인할 수도 있다. 직장이나 모임에서 서로 엄청 싸우던 남녀가 갑분커(갑자기 분위기 커플)가 되어 주변을 놀라게 하는 이유도 그것이다. 갈등을 감칠맛 내는 MSG로 쓸 것인지, 나쁜 감정을 부풀리는 이스트로 쓸 것인지는 각자의 선택이다.

좋은 대화는 상대방을 변화시키는 것이 아니라 상대방의 마음을 여는 것이다. 우리에게 갈등 없는 상황이 주어지기는 어렵다. 피한다고 해서 늘 성공적으로 피해 지지도 않는다. 갈등으로 인해 내 몸과 영혼이 털리지 않도록, 대화가 막장 싸움으로 가지 않도록 우리가 갈등의 우위에 서도록 하자.

●○○

찐꼰대라고만 생각했던 그 상사에게 진짜 꼰대는 내가 아니었을까 하는 반성을 이제야 하게 된다. 부하 직원이 꼰대라니…. 참으로 씁쓸하다. 당시 그가 왜 그러는지에 대해 진심으로 생각해보지 않았다. 단지 그가 잘못되었다고만 생각했다. 머리로는 절대 이해할 수 없을 때 마음의 눈으로는 보일 때가 있다. 아니, 마음으로 보아야 상대방의 진짜를 볼 수 있다. 나 아닌 다른 부하 직원과 대화할 때 한결 편안해 보였던 그가 문득 떠오른다. 좁은 식견에 일의 효율성만 주장하며 불만을 쌓았던 것이 못내 아쉽다.

칭찬이 득이 될 때
칭찬이 독이 될 때

어릴 때 매사에 자신감이 없었다. 나와는 다르게 자기 주장이 분명한 언니와 동생에게 느끼는 열등감도 컸다. 그랬던 내가 언니와 동생 앞에서 어깨가 으쓱해질 때가 있었는데, 바로 글을 쓸 때였다. 부모님은 내 글에 대해 칭찬을 아끼지 않으셨다. 일기나 독후감은 물론이고 어버이날 편지 몇 줄을 써도 진심으로 칭찬하셨다. 큰 대회에 나가서 상을 휩쓴 것도 아닌데 글쓰기에 대한 자부심은 높았고, 자연스럽게 장래 희망은 작가였다.

성인이 되니 작가가 아니라도 글 쓸 일이 많았다. 학위 논문, 사업 기획서, 이메일, 블로그 등 모든 종류의 글을 쓸 때마다 글부심(글쓰기에 대한 자부심)이 활약했다. 나에게 글쓰기에 대한 두려움이나 불편함이 없는 것은 당연했다. 부모님의 칭찬은 그렇게 내 삶에 큰 영향을 미쳤다.

세계적인 회사 GE(제너럴 일렉트릭사)의 회장이었던 잭 웰치의 이야기이다. 그는 학교 식당에서 참치샌드위치를 주문하면 항상 두 개의 샌드위치를 받았다. "투, 투나 샌드위치(two, tuna sandwich)"라고 말을 더듬으면서 주문했기 때문이다. 그는 어린 시절, 자신이 말을 더듬는다는 것을 몰랐다. 그의 어머니는 그의 말 습관에 대해 "네가 너무나 똑똑하기 때문이야. 누구의 혀도 너의 똑똑한 머리를 따라갈 수는 없을 거야."라고 설명했다. 그는 자신이 자신감을 가지고 인생을 변화시킬 수 있었던 것은 어머니의 칭찬과 격려 때문이라고 했다. 그의 어머니가 "말을 더듬지 않도록 노력해봐. 그것만 고치면 돼."라고 말했다면 그의 인생이 어땠을까?

세계암산대회에서 1등을 한 초등학생에게 부모님께 바라는 것이 있는지 물었더니 "지금도 칭찬을 많이 해주시지만 더 많이 해주시면 좋겠어요."라고 대답했다. 세상의 모든 부모는 자식에게 칭찬하기 위해 노력하지만 자식에게는 늘 충분하지 않다.

자식이 더 좋은 사람이 되기를 바라는 마음에 단점을 지적하기 때문이다. 자식뿐 아니라 친구, 아내, 남편, 부모에게도 마찬가지이다. 가까운 사람에 대한 애정이 '어디 가서 욕 먹지 말아야 할 텐데…', '남들한테 폐를 끼치지 않아야 할 텐데…'라는 생각을 하게 만든다.

한 아내는 남편이 속내를 잘 드러내지 않는 무뚝뚝한 성격이라서 직장 동료들에게 오해 살 것이 늘 걱정이었다.

"주변 사람들한테 솔직하게 표현 좀 해요. 남들이 얼마나 답답하고 불편하겠어요."

"이제 그만 좀 해!"

남편은 화를 냈다.

"뭘 그만해요? 내가 없는 말 한 것도 아니고…."

"나도 그렇게 하고 싶지만 안 되는 걸 어떻게 해. 아, 진짜 스트레스 받아!"

"아니… 말해도 맨날 귓등으로만 들으니까 또 말하게 되잖아요. 그렇게 신경 쓰는 줄 몰랐죠."

대부분의 성인은 자신의 단점을 알고 있다. 누구보다도 변화되고 싶지만 쉽지 않다. 그럴 때 옆에서 단점을 지적하면 화가 더 치밀어오른다.

우리는 주변 사람들에게 습관처럼 불평한다. 직장 동료에게 "그 사람은 업무 속도가 너무 느려. 정말 답답해.", 부모에게 "잔소리가 너무 많아. 미치겠어.", 자녀에게 "공부를 너무 안 해. 앞으로 어쩌려고 그러는지…" 등이다. 불평을 하다보면 더 많은 불평 거리가 생긴다. 좋은 관계를 유지하려면 그 사람이 가지고 있는 고유의 장점에 깊이 빠져야 한다. 그 마음을 말로 표현하면 기분 좋은 칭찬이 된다. 그것은 스스로 단점을 극복하고 변화시키는 원동력이 될 수 있다.

대학 때 친구가 전화 통화를 하다가 내 목소리에 대해 칭찬을 했다. 발음이 정확하고 목소리 톤이 좋아서 자신도 닮고 싶다는 것이다. 사실 그 당시 나는 내 목소리에 대해 불만이 더 많고 열등감도 있었다. 콧소리가 심해서 앵앵거렸고, 말을 빨리 하느라 발음이 좋지 않았고, 경상도 사투리 억양도 쉽게 고쳐지지 않았다. 생각지도 못한 칭찬에 깜짝 놀랐다. 그런데 그 이후, 나도 모르게 그 친구가 말한 그 목소리를 내기 위해 노력하고 있었다.

상대방에게 기대하는 바를 말해서 행동을 이끌어내는 것을 심리학 용어로 '레테르 효과(letter effect)'라고 한다. 라벨(label)에서 나온 말이다. 라벨은 상품에 대한 설명이나 이름을 적어서 상품에 붙여놓은 것이다. 어떤 상품을 보면 용도를 어느 정도 예측하지만 예측과 다를 때는 라벨에 표기된 대로 사용한다. 물컵처럼 생겼는데 라벨에 꽃병이라고 써 있으면 꽃을 꽂는다. 레테르 효과는 사람들이 자신에게 붙은 이름표 대로 행동하게 된다는 것이다. 누군가에게 "마음이 참 따뜻한 사람이에요."라고 하면 그 사람은 이전에 그렇지 않았더라도 그 이후부터는 그런 사람이 되는 것이다.

레테르 효과를 잘 활용한 정치가는 영국 총리였던 윈스턴 처칠이다. 그는 일을 서두르는 부하에게 "자네는 결단이 빠를 것 같군."이라고 말하고, 실수하지 않기를 바라는 부하에게 "자네는 치밀하게 일을 처리할 것 같이 보여."라고 말했다. 이 말을 들은 사람들은 기대에 부흥하기 위해 노력했다. 그는 칭찬으로 상대방을 자신의 뜻대로 움직이는 리더십을 발휘했다.

모든 칭찬이 좋은 칭찬이 되지는 않는다. 진심이 없는 입에 발린 칭찬이나 누구에게나 하는 흔한 칭찬의 말은 오히려 비호감이 될 수 있다. '예쁘다.', '멋지다.', '잘 생겼다.', '동안이다.', '매력적이다.'와 같은 외모에 대한 칭찬은 언제나 기분 좋다. 하지만 친하지 않은 이성이 "예쁘시네요.", "잘 생기셨네요."라며 툭 던지는 말에는 오히려 불쾌감을 느낄 수 있다. 바라지도 않았는데 선심 쓰는 말투이다. 표정과 말투에서 진심이 담겨 있는 한마디의 말이나 "미소가 참 예쁘세요. 그런 말 자주 듣지 않으세요?"와 같은 구체적인 표현은 기분 좋은 칭찬이 된다. 칭찬으로 진심을 전달하고 싶다면 상대방을 관찰한 후 구체적으로 말하는 것이 좋다.

B기업에서 찐꼰대라고 생각했던 그 상사는 칭찬이나 격려의 말을 아끼는 편이었다. 그에게 칭찬이나 인정받는 것은 애초에 포기하고 있던 어느 날이었다.

"신 팀장은 나중에 결혼해도 잘살 것 같아."

"네? 갑자기 그게 무슨 말씀이세요?"

"그냥 그런 생각이 들어. 똑 부러지게 살림도 잘하겠구나 싶어."

"이사님도 참…."

그때는 부모님과 함께 살았다. 청소는 해줄 테니 옷이라도 정리해놓으라는 아버지 말씀에 주말에 한번에 다 하겠다며 방문을 잠그고 다녔다. 자기가 사용한 컵이라도 씻어놓으라는 엄마 말씀에 웬만하면 집에서 물을 마시지 않았다. 결혼해서 살림을 잘할 거라는 기대는 불가능했다. 뜬금없는 그 상사의 칭찬이 낯설고 어색하기만 했다. 그 한마디가 이렇게 오랫동안 기억에 남을지도 몰랐다. 똑 부러지게 결혼 생활을 못하고 있을 때 문득 그의 말이 떠오른다. 그 기억 덕분에 내가 '잘할' 기회를 한번 더 주기도 한다.

평소 칭찬을 잘 하지 않는 상사의 칭찬은 부하 직원에게 더 강한 인상을 남긴다. 빈말이 아니라는 것을 알기에 없던 힘도 생긴다.

직장에서 칭찬이 가장 독이 될 때는 많은 사람들 앞에서 칭찬을 늘어놓을 때이다. 적당한 칭찬은 동기부여가 될 수 있지만 과도한 칭찬은 모두에게 불편을 준다. 작은 규모의 한 인테리어 회사의 대표는 회의 시간마다 한 신입사원의 칭찬으로 시작해서 칭찬으로 끝난다. 그는 입사한 지 10개월 만에 회사 연간 목표 매출의 60퍼센트를 혼자서 해냈다. 칭찬이 늘어질 만도 하다. 그러나 회사의 모든 임직원들이 잘 알고 있는 사실이다. 이런 칭찬에는 다른 사람들에게 그처럼 일하라는 비교의 메시지가 숨어 있다. 칭찬은 순수하게 칭찬의 메시지가 담길 때 호감의 말이 된다.

💬 호감을 주는 올바른 칭찬법

1. 표정과 말투에 진심을 담아라.
2. 때를 놓치지 말고 즉시 칭찬하라.
3. 상대방을 관찰한 후 구체적으로 표현하라.
4. 지나치게 과장하지 말고 적당히 하라.
5. 성과보다 노력을 칭찬하라.
6. 상대방이 없는 곳에서도 칭찬하라.

●○○

칭찬은 처음 본 사람의 마음을 열기도 하고, 한 사람의 인생을 변화시키기도 하는 놀라운 힘이 있다. 마음을 힘들게 하는 누군가가 있다면, 그가 변화되기를 원한다면 이렇게 해보자. 종이를 꺼내 그 사람의 장점과 감사한 일을 써보자. 눈에 가장 잘 보이는 곳에 메모장을 준비해두고 생각날 때마다 메모해보자. 아주 사소한 것이라도 좋다. 일주일만 해보자. 메모가 쌓일수록 그 사람은 점점 장점이 많아지고 고마운 사람이 되어갈 것이다. 그 사람에게 진심으로 칭찬하는 것은 덤으로 따라온다. 나의 칭찬이 필요한 곳이 어디인지 주위를 한 번 둘러보자. 우리는 한다고 하지만 상대방은 부족할 수 있다. 우리 주변에 진심 어린 칭찬이 흘러 넘치기를 바란다.

●○○

일을 하다보면 머리 끝까지 화가 난 사람을 직접 대면해야 하는 일이 있다. H기업의 고객상담 팀장일 때였다. 이십 년이 다 되도록 그 고객을 잊지 못하는 이유는 '절대적 경청'을 경험했기 때문이다. 전화로 항의하다가 직접 찾아온 그녀는 무려 한 시간 동안 서비스에 대한 불만을 토로했고, 나는 그저 듣기만 했다. 사시였던 그녀의 두 눈을 쫓느라 내 머릿속에는 할 말이 떠오르지 않았다. 문제 해결을 하지 못했지만 고맙다는 말과 함께 웃으면서 그녀는 돌아갔다. 화가 난 고객은 대부분 자신의 말을 진심으로 들어주면 화가 풀린다. 자신이 존중받았다고 생각하기 때문이다. 우리는 다른 사람들에게 존중받을 때 자신이 가치 있는 사람이라고 느끼고 행복해진다. 마주 앉은 사람에게 언제나 함께하고 싶은 사람이 되고 싶다면 내가 받고 싶은 만큼의 존중의 메시지를 보내야 한다.

PART 2

언제나 함께하고 싶은 사람이 되는
존중의 말투

똑똑한 말잘러가 되려면
끼어들지 마라

       십 년간 직장 생활을 하면서도 사람들 앞에서 말을 잘 못했다. 낯선 사람은 물론이고, 팀원들을 모아놓고 이야기를 할 때도 긴장이 되어 횡설수설했다. 어느 날, 상사는 함께 준비하고 있던 중요한 프로젝트의 발표를 나에게 하라고 지시했다. 나에게는 "사직서 준비됐지?"라는 말로 들렸다. 냉큼 사직서를 내고 사업을 시작했다. 그리고 더 큰 위기를 맞았다. 사람들 앞에서 말을 하지 않으면 당장이라도 굶게 될 판이었다. 다른 선택지가 없었기에 말하기 훈련을 해야 했다. (쉬운 과정은 아니었지만) 덕분에 내 결혼식에서 사회자보다 말을 더 많이 하는 말잘러가 되었다. 그렇게 말을 잘하게 되면서 또 다른 함정에 빠졌다. 말을 잘하는 사람은 자신이 대화를 잘하는 사람이라는 착각을 하기 쉽다. 말을 잘하는 사람이 항상 대화를 잘 하는 것은 아니다. 대화를 잘하려면 낄낄빠빠(낄 때 끼고 빠질 때 빠져라)를 잘해야 한다.

　말을 잘하는 사람은 대화의 주도권을 잡고 더 많은 말을 한다. 말을 잘하는 사람은 설득력이 높다. 그런 점이 협상이나 비즈니스 상황에서는 유리할 수 있다.

　하지만 일상에서는 다르다. 사람들은 말을 유창하게 잘하는 사람보다 대화하기 즐거운 사람과 더 많은 시간을 보내고 싶어 한다. 대화를 할 때는 상대방이 편하게 말하도록 유도하고, 그 말을 잘 들어주어야 한다. 이때 상대방은 존중받고 있다고 느낀다. 말을 잘하는 사람들에게는 이 과정이 어려울 수 있다. 자신이 하고 싶은 말들이 말풍선처럼 마구 떠오르는데 그것을 참는 것은 쉽지 않다. 참지 못하고 끼어들면 대화의 방향은 오리무중이 된다.

　대화를 잘하는 사람이 되고 싶다면 대화를 방해하는 끼어들기 3가지(조언하기, 추궁하기, 요약하기)를 기억하기 바란다.

아는 척 조언하기를 멈춰라

얼마 전에 결혼한 친구가 고민을 이야기한다. 연애할 때는 싸우지 않았는데 결혼하자마자 자주 싸운다는 것이다.

고민남: 난 정말 결혼하면 그냥 깨가 쏟아지는 줄 알았어. 사사건건 싸워.

친구: 원래 다 그런 거야.

고민남: (한숨을 내쉬며) 연애할 때는 한 번도 안 싸웠는데… 이렇게 말이 안 통할 줄은 꿈에도 몰랐어.

친구: 결혼이 그렇지 뭐. 그것도 모르고 결혼했냐?

고민남: 아니, 글쎄… 어제는 양말 뒤집어서 벗어놨다고 한 시간 동안 잔소리를 하는 거야. 아, 진짜 피곤해!

친구: 결혼은 현실이라는 말이 왜 있겠어.

고민남: 퇴근해도 집에 일찍 들어가기도 싫고, 괜히 결혼했나 싶다.

친구: 이때 지고 들어가면 안돼. 신혼 때 확실하게 기선제압을 해야 된대. 아는 형이 신혼 때 다 들어주고 양보하다가 결혼한 지 십 년이 넘었는데 아직도 형수한테 벌벌 기고 살잖아. 지금 만만하게 보이면 평생 가는 거야.

친구가 하는 말은 '아는 척 조언하기'이다. 친구의 대답을 살펴보면, 고민남의 고민에 대해 진심인 듯 보이지만 사실은 친구에게 무시당하고 싶지 않거나 친구를 무시해서 하는 가짜 조언이다. 친구를 진심으로 존중하면 섣불리 조언하려 들지 않는다. 대화에서 고민남은 계속 하소연을 하고 있다. 단 한 번도 친구에게 "너는 어떻게 생각하니?"라고 묻지 않았다. 친구의 의견을 물어보지 않는 것은 '그냥 내 이야기 들어줘'라는 뜻이다. 친구는 그 고민에 공감하고 그의 심정을 헤아리려는 노력이 우선되어야 한다.

고민남 : 난 정말 결혼하면 그냥 깨가 쏟아지는 줄 알았어. 사사건건 싸워.

친 구 : 아, 그래?

고민남 : (한숨을 내쉬며) 연애 땐 한번도 안 싸웠는데⋯ 이렇게 말이 안 통할 줄은 꿈에도 몰랐어.

친 구 : (별말 없이 고개를 끄덕인다)

고민남 : 아니, 글쎄⋯ 어제는 양말 뒤집어서 벗어놨다고 한 시간 동안 잔소리를 하는 거야. 아, 진짜 피곤해!

친 구 : 음⋯ 그랬구나⋯.

고민남 : 퇴근해도 집에 일찍 들어가기도 싫고, 괜히 결혼했

나 싫다.

친 구 : 그래, 많이 힘들겠네. 너는 와이프랑 어떻게 지내고 싶어?

추궁하듯 질문하지 마라

상대가 하소연을 하면 질문을 마구 던지기도 한다. "왜 싸웠어?", "어떻게 말이 안 통해?", "싸우고 나면 누가 먼저 사과해?"와 같은 호기심의 질문을 마구 쏟아내게 된다. 연애할 때 사이 좋았던 친구 커플이 싸운다고 하니 궁금할 수 있다. 상대의 이야기를 들으면서 질문을 할 때는 '물으려는 태도'가 아닌 '들으려는 태도'를 지녀야 한다. 질문도 상대의 속도에 맞춰서 해야 한다. 나의 궁금증을 해소하기 위한 질문인지, 상대방의 이야기를 듣기 위한 질문인지 먼저 생각해야 한다. 다른 대화를 보자. 오랜만에 만난 친구의 낯빛이 어둡다. 이런 저런 대화를 주고받으면서도 계속 신경이 쓰이는 상황이다.

친구1 : 그런데, 너 요즘 별일 없어?
친구2 : (약간 당황한 듯) 왜?

친구1 : 너 안색이 좀 안 좋아 보여서…. 무슨 일 있어?

친구2 : (얼버무리는 듯) "아, 그냥 좀 일이 있었어.

친구1 : 왜, 무슨 일인데? 여자 친구랑 헤어졌어? 회사에 무슨 일 있어?

친구2 : 어.. 사실은… 투자를 했는데 좀 잘 안 됐어.

친구1 : 아이고, 저런! 얼마나 손해 봤어?

친구2 : 좀 무리했어.

친구1 : 주식? 부동산? 혹시 펀드 같은 거?

친구의 안색이 어두우니 관심을 표현할 수 있다. 안 좋은 일이 있었다고 하니 자세한 내용이 궁금할 수 있다. 그런데 친구2의 말투를 보아서는 썩 말하고 싶어 하는 상황이 아니다. 그럼에도 불구하고 친구1은 계속 질문하고 있다. 궁금하더라도 자제하고 친구가 하고 싶은 말을 할 수 있도록 기다려주는 것이 좋다.

친구1 : 그런데, 너 요즘 별일 없어?

친구2 : (약간 당황한 듯) 왜?

친구1 : 너 안색이 좀 안 좋아 보여서…. 무슨 일 있어?

친구2 : (얼버무리는 듯) 아, 그냥 좀 일이 있었어.

친구1 : 아, 무슨 일이 있구나. 많이 힘들었나보네.

친구2 : 어, 사실은… 투자를 했는데 좀 잘 안 됐어.

친구1 : 아, 그랬구나. 미처 몰랐네.

친구2 : 좀 무리를 했지. 내가 미쳤었나 봐.

친구1 : 그래. (잠시 침묵한 후, 친구가 다른 말을 하지 않는다면)
혹시 내가 도울 일은 있어?

친구2 : 걱정해줘서 고맙다. 오늘 밥은 네가 사면 더 좋고.

요약하기를 멈추고 들어라

요약이나 정리를 잘하면 똑똑해 보이고 분석력이 뛰어나다
는 평가를 받는다. 요약이나 정리가 반드시 필요한 상황이 있다.
발표를 하거나 어떤 결정을 하기 위해 의견을 모아야 할 때이다.
이 능력이 있다면 회의 진행자로 적격이다. 하지만 일상 대화에
서 상대방의 말을 요약하는 것은 다른 문제이다. 상대방의 말에
적극적으로 반응을 해주는 것처럼 보이지만 실제로 말의 흐름
이 깨진다. 직속상관 때문에 스트레스를 받는 고민녀가 있다.

고민녀 : 팀장 때문에 미치겠어. 회사 옮기고 싶다. 진심!

동 료 : 스트레스가 많아서 옮기고 싶다는 말이지?

고민녀 : 왜 자꾸 퇴근 시간에 나를 부르는 거야. 주말에 왜 카톡을 해?

동 료 : 어머, 너네 팀장 요즘도 주말에 연락해? 대박! '혐오 상사 top5' 짤 돌아다니던데 못 봤나보네. 1위가 주말에 카톡하는 상사잖아.

고민녀 : 아, 정말! 희망이 안 보여. 어쩜 그리 눈치가 없는지….

동 료 : 부서 이동 신청해보면 안돼?

고민녀 : 우리 회사에서 부서 이동이 쉽겠어? 괜히 신청했다가 가지도 못하고 팀장한테 보복만 당할 거다. 요즘 이직도 어려운데 하루하루가 지옥 같아서….

동 료 : 아, 그럼, 너는 차라리 이직을 하고 싶다는 말이야?

두 사람의 대화를 보라. 고민녀는 자신의 감정을 이야기하고 있다. 동료는 성심 성의껏 고민녀의 말을 듣고 있는 듯 보인다. 하지만 계속해서 상대방의 말을 요약, 정리하면서 말에 끼어들고 있다. 고민녀의 감정의 흐름은 깨지고 대화는 길을 잃고 있다. 고민녀는 그저 속마음을 이야기하고 싶었을 뿐인데 대화를 하다보니 해결책을 찾아야만 하는 방향으로 흐르고 있다. 동료에게 힘든 것을 좀 털어놓으면 속이라도 후련할 텐데, 대화가 끝난 후 고

민녀에게는 뭐가 남을까? 말하느라 기운만 빠진다. 동료가 요약
하지 않고 호응만 해주면 고민녀는 스스로 감정을 추스르고 최
선의 방법도 알게 된다.

고민녀 : 팀장 때문에 미치겠어. 회사를 옮기고 싶다. 진심!

동 료 : 에공, 많이 힘들구나.

고민녀 : 왜 자꾸 퇴근 시간에 나를 부르는 거야. 주말에 왜
카톡을 해?

동 료 : 어머, 아직도 그래?

고민녀 : 아, 정말! 여기선 희망이 안 보여. 어쩜 그리 눈치가
없는지….

동 료 : (말없이 고개를 끄덕인다)

고민녀 : 요즘 이직도 어려운데 하루하루 지옥 같아서….

동 료 : 정말 힘들겠네. 넌 어떻게 하고 싶어?

고민녀 : 일단 최대한 버려봐야지. 이 회사에서 그동안 이루
어놓은 것도 많고 앞으로 하고 싶은 것도 많긴 해.

동 료 : 그래, 힘내! 그래도 너네 팀장님이 은근히 너를 엄청
의지하는 것 같더라. 이따가 퇴근하고 내가 시원한 아메리
카노 사줄게. 달달한 마카롱도!

우리는 가까운 사람들과 대화를 하면서 조언이 불필요할 때조차 조언하느라 애를 쓰기도 한다. 그저 말 많은 훈수꾼이 될 뿐이다. 조언은 상대방에게 꼭 필요할 때만 해주어야 한다. 대화에는 '그냥' 하는 말이 많다. 그럴 때는 '그냥' 들어주면 된다.

하소연을 하던 친구가 "좋은 방법이 없을까? 넌 어떻게 생각해?"라고 묻는다면 기꺼이 자신의 의견을 말할 수 있다. 단, 자신이 직접 경험하지 않은 이야기를 단정지어 말하는 것은 '아는 척 조언하기'의 연장선이다. 그럴 때는 친구에게 모른다고 솔직하게 말하고 도움이 될 만한 대안을 제시해주는 것이 좋다. "내가 결혼을 안 했으니까 나도 잘 모르겠어. 결혼한 형들 이야기 들어보면 신혼 때 작은 습관의 차이로 갈등이 좀 있다고 하더라. 주변에 결혼해서 행복하게 살고 있는 형들 있잖아. 그 형들한테 조언을 좀 구해보면 어때?" 정도로 의견을 주는 것이 좋다.

스티븐 레빗과 스티븐 더브너의 책 《괴짜처럼 생각하라》에서는 세상에서 가장 말하기 어려운 세 단어가 'I don't know.'라고 한다. 사람들은 자신이 직접 경험하지 않거나 그 부분에 전문지식이 없어 잘 모르면서도 종종 아는 체한다. 섣부르게 아는 체해서 상대방의 인생에 결정적인 영향을 미친다면 그 책임은 누가 질 것인가.

나는 회의를 할 때 의도적으로 중간 요약을 한다. 이 습관은 중요한 사항에 대해 서로 다르게 이해해서 나중에 문제가 생기는 것을 예방하는 데 도움이 된다. 문제는 이 습관으로 인해 일상 대화에서도 요약하려 든다는 것이다. 대화에 방해가 된다는 것을 알기에 고치려고 애쓰는데 쉽지 않다.

어느 날, H기업의 홍보 담당자와 만났다. 미팅 중간에 그의 사적인 이야기를 듣게 되었다. 자신의 연애를 계속 이어나가야 할지, 멈춰야 할지 고민하고 있었다. 이야기를 들으면서 내 머릿속에는 말풍선이 수백 개가 떠다니는 듯 했다. (사실, 나는 연애에 대해서 해 줄 말이 정말 많다) 그날은 참았다. 꽤 긴 시간 동안 그는 이야기했고 나는 들었다. 많은 말을 하느라 힘들어 보일 때 잠깐씩 요약해주고, 내 의견을 물어볼 때 간단히 말해주었다. 며칠이 지난 뒤 그는 여자 친구와 헤어졌다고 했다. 나와 대화하면서 자신의 생각이 많이 정리되었다며 고맙다고 했다.

혼자서 말을 계속하다보면 숨이 찰 만큼 힘들기도 하다. 장거리 달리기를 할 때처럼 말이다. 말을 하다가 잠시 휴식이 필요할 때가 있다. 그때는 상대방이 잠시 숨을 가다듬고 갈 수 있도록 "말씀하신 내용이 …이라는 뜻이네요.", "…라고 이해가 되는데 맞나요?"라고 요약을 해주어도 좋다.

●○○

오래전이라 까마득한 기억이지만 나도 한때는 말을 잘 들어주는 사람이었다. 그때는 말하는 것보다 듣는 것이 그냥 좋았다. 지금은 상대방의 말에 끼어들지 않기 위해서는 인내심이 필요하다. 나와 마주하고 있는 사람에게, 서로의 대화에 유익하다면 노력해야 한다. 나와 대화한 후 사랑하는 사람과 헤어졌다는 소식은 마음이 아팠지만 그의 인생 한 조각을 맞추는 데 도움이 된 것 같아서 뿌듯하기도 했다. 낄낄빠빠를 못하면 진상이 되고, 애써 뱉은 한마디는 훈수가 된다. 자신의 머릿속에 맴도는 말풍선을 소리 없이 터뜨려야 할 때와 격 있는 말투로 변환시켜야 할 때를 구분하는 게 좋겠다.

날아라!
슈퍼 히어로

     미국 16대 대통령인 에이브러햄 링컨은 남북전쟁 중 일리노이 주의 스프링필드에 살고 있는 친구에게 편지를 보내서 워싱턴으로 와달라고 했다. 링컨은 백악관을 찾은 친구와 노예 해방을 선언하는 것이 바람직한가에 대해 몇 시간 동안 이야기했다. 이야기가 끝난 후 링컨은 친구와 악수를 했고 친구는 일리노이로 돌아갔다. 그 몇 시간 동안 대화에서 링컨은 친구의 의견을 묻지 않았다. 자료를 찾으면서 혼자 이야기했다. 혼자 말할 거라면 왜 굳이 친구를 불렀을까? 링컨은 친구의 의견을 듣기 위해 부른 것이 아니었다. 단지 자신의 이야기를 들어주는 사람이 필요했던 것이었다. 우리가 가장 힘든 순간에 그러하듯이 말이다.

삼십 대 중반부터 십 년간 내 인생은 암흑기였다. 직장을 그만두고 호기롭게 시작했던 첫 번째 사업은 망했고, 다시 사업을 하면서 생긴 불면증으로 몸무게는 8킬로그램이나 빠졌고, 가까운 사람들과의 불화에, 산후우울증까지 쉴 새 없이 이어졌다. 그때는 내 인생이 멈춰 있다고 생각했다. 지나보니 외로움과 무기력에 온몸이 멍들면서 삶의 요령을 터득한 값진 시간이었다. 그중 한 가지는 누군가가 이야기를 들어주는 것만으로도 치유 효과가 있다는 주장이 사실이라는 것이다. 사람들이 의사를 찾을 때 약을 원해서가 아니라 아프다는 자신의 이야기를 들어줄 사람이 필요해서라고 한다. 나를 살린 건 우울증 약이 아니라 '친구들의 귀'였다.

큰 고통에 처한 상황뿐 아니라 일상 대화에서도 상대방의 이야기를 들어주는 것은 매우 중요하다. 하버드대학교의 과학자들은 자기 자신에 대해 말하는 것이 섹스할 때나 초콜릿을 먹을 때와 같은 쾌감을 유발한다고 밝혔다. 자신의 이야기를 더 많이 하도록 해주면 상대방을 특별한 사람으로 여긴다. 소개팅 자리에서는 이야기를 잘 들어주기만 해도 호감을 살 수 있다. 친구의 이야기를 잘 들어주면 친구의 스트레스가 풀린다. 직장에서는 상대방의 말을 잘 들으면 일을 효율적으로 하는 프로 일잘러가 된다.

직장에서는 경청을 안 해서 일을 힘들게 하는 사람들을 흔히 볼 수 있다. 안타까운 것은 그들은 왜 자신이 매번 그런 곤란을 겪는지 잘 모른다는 것이다. 직장에서 '내 맘대로 듣는' 대화의 오류는 일의 결과에 치명적이다. 상대방의 말을 정확히 듣지 않고 자기 마음대로 해석한 다음 엉뚱한 결과물을 가지고 온다.

우리 회사에 열정이 넘치는 한 신입사원이 입사했다. 씩씩하고 긍정적이고 예의 바른 그는 순식간에 직원들에게 호감을 샀다. 그는 일을 차근차근 배우려고 노력했고, 고된 일도 마다하지 않았다. 어느 날, 급하게 진행해야 하는 J광고회사의 사내 단합대회를 기획해보도록 시켰다.

"지훈 씨, 이 회사에서는 단합대회에서 흔히 볼 수 있는 것들 말고 참신한 아이디어를 원해요. 그동안 단합대회를 많이 해서 웬만한 건 시시하게 생각한대요."

"네, 열심히 해보겠습니다!"

"지훈씨, 열심히 하는 것보다 잘해야 해요. 준비할 시간이 얼마 안 남아서 기획을 잘못해오면 손쓸 시간이 없어요."

"네, 알겠습니다!"

"우선, 우리 회사에서 기존에 했던 사내 행사와 단합대회를 모두 정확하게 파악하세요. 기획서 양식은 가장 최근 양식으로 쓰고요. 거기에 지훈 씨의 아이디어를 더하세요. 아이디어는 그냥 떠오르는 것 말고, 자료 조사를 해서 그중에서 이번 행사에 잘 맞는 것이어야 해요. 잘 이해했어요?"

"네, 명심하겠습니다!"

"혹시 준비하다가 궁금한 게 있으면 나한테 물어보세요. 꼭 물어봐야 해요."

"네!"

그가 하는 첫 번째 기획이라 중요한 내용을 상세히 설명했다. 씩씩하게 대답하던 그는 4일 후 기획서를 가지고 왔다. 내가 당부한 말들은 어디로 간 걸까? 우리 회사의 기획서 양식이 아니었고, 내용도 흔한 단합대회의 것들뿐이었다. 4일 동안 나에게 어떤 질문도 없었다.

"지훈 씨, 왜 양식을 이렇게 했어요?"

"네, 좀 특별하게 한번 만들어봤습니다."

"내가 우리 회사 기획서 양식에 하라고 했잖아요."

"아, 준비하다가 좀 더 잘하고 싶은 욕심이 생겨서요."

기가 찰 노릇이었다. 그가 정말 열심히 준비한 것으로 보이는 그 기획서는 조금 손봐서 쓸 수 있는 상태가 아니었다. 나는 다른 직원과 함께 부랴부랴 기획서를 만들었지만 만족하지 못한 상태로 그 회사에 보내야 했다. 광고회사 담당자 역시 행사기획서에 실망한 것이 느껴졌다. 일정이 임박해서 어쩔 수 없이 그대로 진행했다. 사회자가 신의 한 수가 되어 행사는 잘 끝났지만 기획서에 대한 부끄러움은 지금까지도 지워지지 않는다.

경청은 귀를 기울여 듣는 것이다. 자신의 머릿속에 있는 딴 생각은 흘려보내야 한다. 특히 일을 할 때에는 상대방의 이야기 중 단 0.1퍼센트만큼도 잘못 이해해서는 안 된다. 소수점만큼의 잘못된 해석조차도 서울행이라고 쓰고 부산으로 달릴 수 있다. 그렇게 잘 못 들은 사람들은 꼭 상대방 탓을 한다. "아, 저는 이런 말씀인 줄 알았습니다"가 단골 멘트다. 부디, 남의 이야기라고만 생각하지 않기를 바란다. 한 치의 오차도 없이 정확히 상대방의 말을 자신의 귀에 담는 것, 그것이 제대로 된 경청이다.

우리 회사에서 유독 "그 직원 참 친절하네요."라는 칭찬을 많이 받는 직원이 있었다. 그녀는 평소 말이 없는 조용한 성격이었다. 바로 옆에 앉는 직원도 그녀와 한마디의 말도 하지 않는 날이 있었다. 친절함보다 무뚝뚝함에 더 가까워 보이는 그 직원이 친절하다는 말을 자주 듣는 이유가 궁금해서 유심히 관찰해보았다. 그녀는 업무 전화를 받을 때에도 말을 거의 하지 않았다. 전화 통화 내내 상대방의 말을 유심히 들었고, 꼭 필요한 질문만 했다. "네."라는 대답도 아꼈다. 고객사와의 미팅에 함께 가도 말을 거의 하지 않았다. 대부분은 상대방이 하는 말을 들으며 열심히 메모했다.

사람들은 자신의 이야기를 잘 들어주면 친절하다고 느낀다. 그 직원은 신입사원이라 일에 대한 경험이 적었지만 그녀가 맡는 일에는 빈틈이 없었다. 나도, 고객사 담당자들도 그녀를 신뢰할 수밖에 없었다.

말이 안 통하는 사람들의 대화에 들어가보면 서로의 말에 귀를 기울이지 않는다. 상대방이 나의 말을 귀담아듣지 않으면 그 사람이 고집스럽거나 이해를 못해서라고 생각한다. 그래서 더 많은 설명을 하거나 더 강하게 말하기도 한다. 그럴수록 대화는 길을 잃게 된다. 상대방이 나의 말을 귀담아듣지 않는 이유는, 내가 그의 말을 귀담아들어주지 않기 때문이다.

상대방이 나의 말을 잘 들어주기를 원한다면 내가 먼저 해야 한다. 잘 듣는 것은 언제 어디서나 통하는 대화의 기술이자 특별한 능력이다. 실제로 사람들이 잘 갖지 못하는 귀한 능력이다. 경청 능력은 모든 인간관계에 날개를 다는 것이다. 가족에게, 친구에게, 직장 상사에게 슈퍼 히어로가 되자.

●○○

경력이 쌓이고 아는 게 많아지면 하고 싶은 말도 많아진다. 영업할 때도 마찬가지이다. 나도 사업 초창기 미팅할 때는 주로 듣고자 했었다. 상대방이 원하는 것에 온전히 귀를 기울였다. 경험이 쌓이면서 말이 많아졌다. 경청의 달인이었던 직원을 통해 잘 듣는 것이야말로 상대방에 대한 최고의 예의이자 존중이라는 것을 배웠다. 우리 회사를 거쳐간 많은 직원들은 회사를 성장시켰지만, 그녀는 나를 성장시킨 유일한 직원이다. 힘든 시기에 내 이야기를 들어준 친구들은 몸과 마음에 여유가 있는 사람들이 아니었다. 몸이 아픈 친구도 있었고 평균 취침 시간이 새벽 한두 시인 바쁜 워킹맘도 있었다. 누군가의 이야기를 들어주기 위해서는 때로는 긴 시간이 필요하기도 하고 단단한 마음이 필요하기도 하다. 누군가에게 들어주는 귀가 필요하다면 두 귀와 마음을 온전히 열어주자.

반가운 인사와 말실수는
한 끗 차이

      오랜만에 옛 직장의 팀원이었던 현지를 만났다. 반가운 마음에 인사를 건넨다는 것이 "왜 이렇게 살이 쪘어?"라고 말한 것이다. 표정을 잘 감추지 못하는 그녀의 얼굴에는 불쾌함이 역력했다. 그 즉시 '실수했구나'라고 느꼈다. 이후 다른 사람을 통해 전해 들었다. 오랜만에 만나서 첫마디가 그게 뭐냐, 자신도 살 찐 거 잘 아는데 너무 기분이 나빴다는 것이다. 나는 진심으로 미안했다.

      이와 상반되는 일이 있었다. 오랜만에 남편을 만난 목사님이 남편에게 반갑게 인사하며 "예전보다 체격이…"라고 말하면서 양손을 들어 크게 펼쳐 보였다. 살이 쪘다는 이야기다. 남편은

"하하, 최근에 살이 좀 쪘습니다."라며 불쾌해 하지 않고 자연스레 대화를 이어나갔다.

사람들마다 말실수하는 습관이 있다. 말실수로 주변 사람들에게 웃음을 주기도 하지만 말실수로 인해 사람들의 눈살을 찌푸리게 하거나 사람들을 곤경에 빠뜨리기도 한다.

정신분석학의 창시자 지그문트 프로이트는 '말실수는 은연중에 자신의 속마음을 들켜버리는 말을 하는 것'이라고 했다. 평소에 자주 저지르는 말실수는 남에게 감추고 싶은 생각을 무의식 중에 밖으로 드러내는 데에서 시작된다고 했다. 살이 쪘다는 똑같은 내용의 말이 상대방에게 불쾌감을 주는 말실수가 되기도 하고, 관심의 표현으로 전달되기도 한다.

말을 듣는 사람과 하는 사람이 달랐으니 성향과 성격의 차이라고 볼 수도 있다. 하지만 말하는 사람의 표정과 말투로 속마음이 분명히 전달되었을 것이다. 프로이트의 이론에 의하면, 나는 그녀가 날씬하면 더 매력적일 것이라는 속마음이 담겨서 불쾌감을 남겼고, 목사님은 남편 외모의 변화가 어떻든 반가움만 담겨서 좋은 인사가 된 것이다.

대한민국의 대표 방송인 유재석은 자신의 직업병이 어색한 분위기를 견디지 못하는 것이라고 했다. 나도 그런 편이다. 여러 명이 있을 때는 나서기를 최대한 미루지만 단둘만 있을 때는 나서서 분위기를 바꾸려고 애쓴다. 어색한 분위기를 자연스럽게 만들기 위해서 누군가는 말을 많이 하게 되는데, 그때 분위기를 확실히 변화시키는 재능꾼이 있다. 그런 말재주가 없는 사람은 나서서 말을 많이 하다가 말실수를 하거나 어색한 분위기를 고조시키기도 한다.

《공자가어(공자의 언행 및 공자와 문인과의 논의를 수록한 책)》에는 '말을 많이 하지 않아야 한다. 말이 많으면 실수도 많은 법이다.'라고 했다. 좋은 의도로 말을 하지만 오히려 자신에게 손해가 되기도 한다. 쓸데없는 말을 하는 사람, 나서기 좋아하는 사람으로 순식간에 비호감이 된다. 이때는 어색함을 받아들이는 편이 더 낫다.

사람들과 어색한 분위기 가운데 있다고 상상해보자. 어색함은 나만이 아니라 그 안에 있는 모두가 함께 느끼는 감정이다. 굳이 나만 더 불편하게 여길 필요는 없다. 사람들은 아무 말 하지 않고 있지만 표정과 시선으로 서로 편안해지는 시간을 가진다. 이 말 저 말 하다가 말실수하는 것보다 어색함에게 시간을 내어주는 것이 좋다.

흔히 하는 말실수 중의 하나가 상대방의 이름이나 호칭을 잘못 말하는 것이다. 나는 유독 그 부분에 있어 관대하지 못한 편이다. 친근하게 이름을 잘못 부를 때면, 웃는 얼굴로 무시하는 느낌이 들어서 불쾌감이 든다. 그래서 평소 구멍투성이지만 그 실수만큼은 하지 않겠다는 굳은 각오로 신경을 쓴다. 그럼에도 불구하고, 한 지인의 이름을 잘못 부르는 실수를 한 적이 있다. 그에게 명함을 받으면서 나의 뇌와 스마트폰에 잘못 저장해 놓았던 것이다. 몇 개월 후 우연히 나의 실수를 알게 되었다. 현실을 부정하는 거친 몸부림을 한차례 치른 후 그에게 연락했다. 그동안 이름을 잘못 알고 있었다며 진심으로 사과했다. 그는 그저 허허거리기만 했다.

　　이름이나 직책에 따른 호칭을 성의 없이 대충 부르거나 잘못 부르는 것은 치사량 80~90퍼센트 정도 수준이라고 생각한다. 조금의 여지는 상대방의 아량에 해당한다. 자신의 이름을 잘못 부르는데 허허거릴 수 있는 사람은 흔치 않다. 직장에서 일을 똑 부러지게 하는 사람들은 상대방의 직위나 직책이 바뀌면 호칭도 칼같이 바꿔서 부른다. 상대방을 존중하려는 깊은 노력으로 가능하다. 딱 한마디의 말로 관심과 신뢰를 지키게 된다.

드라마에서 극적인 상황에서 자주 쓰이는 소재가 '험담'이다. 직장 동료의 험담을 하다가 곤란한 상황에 처하기도 하고, 친구들의 험담 때문에 상처를 입기도 한다. 드라마는 난처한 상황을 극복해내는 해피엔딩으로 이어지지만 현실은 그렇지 않다. 관계에서 치사량 100퍼센트인 말실수는 험담에서 나온다. 돌고 돌아 본인의 귀에 들어가는 험담의 결과는 참담하다. 사적인 관계에서는 손절이 기본이고 직장에서는 승진, 평가 등 인사상 불이익이나 보복성 업무를 피할 길이 없다. 말 한마디로 인생이 꼬이는 가장 빠른 방법이다. 당연한 말이지만 험담은 하지 않는 것이 좋다. 소소한 뒷담화는 소소한 재미이기도 하지만, 하면 할수록 할 말이 늘어나는 것이 험담의 마력이기도 하다.

험담으로 스트레스를 풀고 싶다면 듣는 귀가 없는 자신만의 대나무숲에서 하는 것이 좋다. 꼭 듣는 귀가 필요하다면 (돌고 돌아도 당사자의 귀에 들어가지 않을) 절친한 친구나 가족이 좋다. 그런데 누구나 실수할 수 있다. '아, 진짜, 또라이 부장! 뭐 하자는 거야. 내가 무슨 자기 개인비서야? 별 걸 다 시켜 먹어.'라고 친구에게 메시지를 보낸다는 것이 그 부장에게 보냈다면 어떨까? 아찔하다. '어머, 부장님. 밤늦게 죄송해요. 제 친구가 이런 메시지를 보냈네요. 친구로서 어떻게 조언해주는 게 좋을까요?

쿄쿄쿄' 하면 믿어줄까? 이런 상황은 애초에 만들지 않아야 한다. 스트레스를 좀 풀려다가 몇 제곱의 스트레스가 부메랑이 되어 자신에게 돌아올 수 있다.

말실수는 남의 이야기가 절대 아니다. 평소 말을 아끼는 습관, 하지 않아야 할 말은 꿈에서도 하지 않는 습관을 들이는 것이 현명하다.

●○○

속마음은 내 것이지만 항상 내 뜻대로 되지는 않는다. 하지만 속마음의 표현은 조절할 수 있다. 프로이트는 억눌려져야 할 생각을 말로 표현함으로써 난처한 상황을 만든다고 했다. 굳이 하지 않아도 되는 말이라면, 말해서 관계에 도움이 되지 않는다면 말을 하지 않는 것이 가장 좋은 방법이다. 그럼에도 불구하고 상대방을 불쾌하게 만드는 말실수를 했다면 잘못을 인정하고 즉시 사과하는 것이 좋다. 부끄러울 수 있지만 용기를 내야 한다. "죄송합니다. 제가 실수를 했습니다", "사과드리겠습니다. 제 표현이 서툴렀네요"라고. 말실수로 비호감이었다가 진솔함으로 호감을 살지도 모를 일이다.

상처.zip에 쌓이는
무시의 말투

직장 상사는 평소 일하는 것이 영 마음에 들지 않는 부하 직원에게 이렇게 말한다.

"너는 그렇게 일해도 꼬박꼬박 월급 나오고 좋겠다."

친구나 연인 사이에는 흔히 이렇게 말한다.

"넌 몰라도 돼.", "네가 낄 자리가 아니야.", "말해도 모를 거야."

듣는 이는 동의한 적이 없는데 자존감이 무너지는 순간이다. 자존감은 자아존중감의 줄임말이다. 미국의 의사이자 철학자인 윌리엄 제임스가 1890년대에 처음 사용한 말로, 자신이 사랑받을 가치가 있는 소중한 존재이고 어떤 성과를 이루어낼 수 있는 유능한 사람이라고 믿는 마음이라고 정의한다. 어린 시절의 자존감이 성인이 되면서 변하기도 하지만, 어린 시절에 기틀을 마련하기 때문에 부모나 주양육자의 역할이 중요하다.

갓 태어난 아기는 무한한 사랑과 관심을 받는다. 미소만 지어도 주변 사람들이 행복해 하고, 손짓 하나에도 칭찬이 마구 쏟아지는 유아기의 아이들은 유능감과 자존감이 충만하다. 아동기를 지나면서 인정받지 못하고 무시당하는 경험이 반복되면 자존감이 낮은 상태에서 성인이 되어간다. 자존감의 단어에 찰떡처럼 붙는 단어가 '회복'이다. 성인이 되어 자존감이 무너져 있는 자신을 발견하고 부랴부랴 회복을 위한 노력을 시작한다. 물론 노력으로 가능한 일이지만 무너지지 않으면 회복하지 않아도 된다.

상대방을 쓸모없는 사람으로 만드는 가장 빠른 방법은 '무시하는 말투'이다. 반복되는 무시는 어른, 아이 할 것 없이 상처를 준다. 데이트하는 남녀가 있다. 남자는 대학 졸업 후 3년째 공무원시험을 준비하고 있다. 여자는 중소기업 사무직 3년 차 직장인이다. 오랜만에 데이트하려고 만났는데 여자 친구 표정이 좋지 않다.

남자 : 오늘 회사에서 무슨 일 있었어?

여자 : (짜증나는 말투로) 응, 스트레스 받아!

남자 : (걱정스런 말투로) 왜, 무슨 일인데?

여자 : (무시하는 말투로) 사실은⋯ 됐어. 말하면 네가 알겠어?

남자 : 그래도 말해봐.

여자 : 됐어. 밥이나 먹자.

이 대화에서 드러나는 여자의 속마음은 '직장 생활도 안 해본 네가 내 상황과 마음을 이해하겠어?'이다. 그래도 계속 여자 이야기를 들어주려는 남자의 말을 무시하며 밥이나 먹자고 한다. 여자는 자신이 남자를 무시한다고 생각하지 않을 수도 있다. 하지만 남자 입장에서는 여자의 고민도 들어주지 못하는 쓸모없는 사람이 되고 만다. 남자에게 자신의 직장 생활 스트레스에 대해 말하고 싶지 않다면 무시하는 말투가 아닌 예의와 존중의 말투로 해야 한다.

남자 : 오늘 회사에서 무슨 일 있었어?

여자 : (짜증나는 말투로) 응, 스트레스 받아!

남자 : (걱정스런 말투로) 왜, 무슨 일인데?

여자 : (짜증나는 감정을 누르며) 사실은 상사 때문에 좀 힘들어. 그런데 오랜만에 데이트하면서 그런 얘기하고 싶지 않아.

남자 : 그렇구나… 내 여자 친구가 고생이 많네.

여자 : (미소 지으며) 그치? 고마워. 우리 맛있는 밥 먹자.

여자의 의도는 '너에게 직장에서 받은 스트레스를 말하고 싶지 않다'는 것으로 동일하지만 이 대화에서는 남자에 대한 존중이 담겨 있다. 무시의 말투는 상대방의 가슴에 그대로 전해진다. 사람은 누구나 마음속에 '무시당하고 싶지 않다'는 불안감을 품고 있다. 그래서 누군가로부터 무시당하는 느낌이 들면 휴지통에 던져버리지 못하고, 가슴 속에 마련된 '상처.zip'에 차곡차곡 저장한다. 압축 파일 용량마저 넘치면 '이제 더 이상 못 참아! 피 터지게 싸워볼까?' 하는 갑분싸(갑자기 분위기 싸움)를 일으킬 용기가 생기기도 한다.

상대방을 무시하는 말을 하는 사람은 상대방을 낮춰서 자신은 가치 있는 존재라는 것을 확인하고 싶은 심리가 있다. 그의 의도대로 자신의 자존감 수치를 낮춰서는 안 된다. 이런 말을 하는 사람에게는 반드시 전해야 할 세 가지 메시지가 있다.

첫 번째는 '당신은 나를 무시하는 말을 하고 있다'는 사실을 전하는 메시지이다. 이런 말을 의도적으로 하는 사람도 있고, 습관이 되어 무의식적으로 하는 사람도 있다. 의도적으로 하는 사람은 자신의 의도가 드러나면 뜨끔할 것이다. 습관적으로 하는 사람은 말을 하면서도 상대에게 상처가 된다는 것을 인지하지 못할 수 있다. 그래서 인지를 시켜주어야 한다.

두 번째는 '나는 그 말을 듣고 싶지 않다'는 감정을 밝히는 메시지이다. 무시하는 말을 그냥 듣고 있으면 무시해도 되는 만만한 사람이 된다. 상대방의 말투를 문제 삼으면 싸움으로 이어진다. 내 감정이 상하기를 원하지 않으니 이제 그만하라는 내용을 정확하게 전달해야 한다.

세 번째는 '나는 당신을 싫어하고 싶지 않다'는 경고의 메시지이다. 무시하는 말을 계속 하면 당신에 대한 감정이 나빠지고 관계가 멀어질 것이라는 사실을 알리는 것이다.

세 가지의 메시지를 담되 상대방을 공격하는 말투로 해서는 안 된다. "왜 나를 무시하는 거야?", "말을 그렇게밖에 못해?"와 같은 말은 싸움을 부를 뿐이다. 적절한 표현은 "나를 존중해주세요. 그렇게 말하면 상처가 돼요. 나는 당신을 싫어하고 싶지 않아요."이다.

💬 직장 상사에게는

"부장님, 계속 존경하고 싶습니다. 그렇게 말씀하지 마시고, 저의 부족한 점을 구체적으로 말씀해주시기 바랍니다."

💬 남편에게는

"나는 당신을 미워하고 싶지 않아. 더 이상 그렇게 말하지 마."

💬 친구(연인)에게는

"나는 너와 계속 좋은 친구(연인)가 되고 싶어. 나를 무시하는 말은 하지 않으면 좋겠어. 그런 말을 들으면 상처가 돼."

나의 자존감을 갉아먹는 무례한 사람이라면 멀리하는 게 상책이지만 그런 선택지가 없는 경우가 많다. 한번에 상대방이 변화되지 않는다고 해서 포기해서는 안 된다. 상대방이 그런 말을 할 때마다 '부드럽고 단호하게!' 말해야 한다. 누군가를 무시해서라도 자신의 가치를 인정받고 싶은 가엾은 인간이다. 내 안에 상처를 쌓을 가치가 전혀 없다.

가까운 관계에서 흔히 하는 무시의 말투가 결론을 독촉하는 것이다. "결론만 말해봐", "결론이 뭔데?", "그래서 하고 싶은

이야기가 뭐야?". 이야기를 하고 있는 상대방에게 결론만 간단
히 듣고 싶다는 것은 대화를 거절하는 것이다. 대화에서 '존중'
이 빠지면 그 자리는 '무시'가 채운다. 상대방의 긴 이야기를 듣
고 있을 상황이 아니라면 지혜롭게 결론을 유도하거나 다음 기
회를 기약해야 한다.

이런 상황을 가정해보자. 하루 종일 직장에서 업무에 시달
리다가 퇴근해서 집에 왔다. 엄마가 소소한 이야기들을 쏟아놓
기 시작한다. 오늘 뭘 먹었고, 텔레비전에서 뭘 봤고, 정치인 누
가 뭘 잘못했고. 특별할 것 없는 이야기들 가운데 유독 한 정치
인에 대한 이야기가 길어진다. 듣다보니 피곤이 몰려온다. 누워
서 쉬고 싶기도 하고 새로 올라온 유튜브 영상을 보고 싶기도
하다. 그때,

딸 : 엄마, 하고 싶은 이야기가 뭐예요? 그래서 결론이 어떻
게 됐다는 거예요?
엄마 : 아, 그래 피곤하겠다. 괜히 내가 쓸 데 없는 말을 하고
있네.

엄마는 서운한 속내를 감추며 급히 대화를 마무리할 것이
다. 사실 엄마는 이미 그 정치인에 대한 이야기를 자신의 친구

와 전화 통화로 했을 가능성이 높다. 그저 딸과 이런 저런 이야기를 하는 시간을 가지고 싶었을 뿐이었다.

일상 대화에서는 결론이 필요할 때도 있지만 대부분은 이야기하는 과정만 있고 딱히 결론이 없다. 여자들이 친구와 전화로 30분 동안 이야기한 다음에 "자세한 건 만나서 이야기하자."라고 하는 이유가 그것이다. 서로 말을 주고받는 과정을 즐기는 것이 좋은 대화다. 몹시 피곤해서 이야기를 더 이상 듣고 있을 수 없다면 "엄마, 오늘은 좀 피곤한데 내일 아침에 이야기해주시면 어때요?"라고 슬그머니 대화에서 빠져보면 어떨까?

대놓고 무시하는 것은 아닌데 무시당한 듯한 찝찝한 기분이 들 때가 있다. 국내 기업만 다니다가 외국계 기업으로 이직했을 때였다. 한국에서, 한국 사람들과, 한국말로 대화하는데 영어가 마구 뒤섞여 있어서 당황스러웠다. 공통적으로 사용하는 업무용 영어가 있었다. 어그리, 컨펌, 어프로벌, 팔로업, 컨피덴셜 같은 것들. 뭐, 그 정도까지는 괜찮았다. 유독 영어부심이 지나친 사람들이 있었다. 영어를 잘 못하는 사람들은 그런 사람 앞에서 상대적 박탈감이 컸다. 그런 사람은 비호감 폴더로 자동 분류되었다.

꼭 필요하지도 않은 상황에서 전문 용어나 외국어를 남발하는 사람이 있다. 상대방이 이해하기 어려운 단어를 사용하면 자신이 똑똑한 사람으로 보일 것이라는 속마음에서 비롯된 것이다. 이것은 상대방을 주눅들게 하는 말습관이다. 어려운 말을 쓰면서 똑똑한 척하는 사람에게 호감을 느끼는 사람은 생각보다 드물다.

'좋은 문장은 중학생도 이해할 만한 수준이어야 한다'라는 말이 있다. 글을 쓸 때도, 강연이나 발표를 할 때도 적용되는 원칙이다. 가장 대표적인 사람이 명강연자인 스티브 잡스이다. 그의 영어는 간결하고 이해하기 쉽다. 상대방이 이해하기 쉽게 표현하는 것은 예의이자 실력이다. "그 점은 저도 어그리해요."가 아니라 "그 점은 저도 동의해요."라고 말하고, "이것은 컨피덴셜이에요."가 아니라 "이것은 회사 기밀이에요."라고 말하는 습관을 들여야 한다.

요즘은 신조어와 줄임말이 세대 간의 소통에 장애가 되기도 한다. 한 지인이 최근 인기 있는 디저트라며 '크로플'을 알려주었다. 삼십 대인 그녀에게 '크로플'이 크루와상과 와플의 줄임말인지 물어보니 그녀는 그냥 메뉴 이름이라고 했다. 요즘 이삼십 대에게는 신조어나 줄임말이 해석조차 불필요한 일상 용어이다.

삼귀다(사귀다의 전 단계, 썸), 자만추(자연스러운 만남 추구), 아만추(아무나 만남 추구), 고진감래(고용해주셔서 진짜 감사한데 집에 갈래), 당모치(당연히 모든 치킨은 옳다), 스불재(스스로 불러온 재앙), 반모(반말모드, 말을 편하게 하자는 뜻) 등 해마다 신조어가 쏟아지는데 그 속도를 따라잡기 어렵다. 상대방이 이런 용어를 모를 수 있다는 것을 이해해야 한다. 상대방이 이해하지 못한다고 해서 무시하는 말투나 표정을 드러내서는 안 된다.

한 신문에는 유행어와 신조어를 소개하는 코너가 있는데 꽤 흥미롭다. 대화나 미디어를 통해 트렌드 용어에 관심을 기울여야 한다. "어제 우리 댕댕이가 아파서 병원에 갔다 왔어요."라는 팀원의 말에 "누가 아팠다고?"라고 묻는 것보다는 "강아지가 어디가 아팠어?"라고 물으면 센스 있는 상사가 되지 않을까.

●○○

가까운 사람에게 무시하는 말투를 습관적으로 사용하면서 자신은 인지하지 못하는 경우가 많다. 부부나 연인이 다른 사람들과 함께 있는 자리에서 "모르면 좀 가만히 있어. 무슨 말도 안 되는 소리를 해!"라고 말하고, 직장에서는 상대방의 의견에 대해 "아, 됐고! 또 누구 의견 없어?"라며 그냥 묵살해버리기도 한다. 그런 말을 하는 사람에게 무시하는 말이라고 하면 그런 의도가 없었다며 동의하지 않는다. 자신이 어떤 말투를 사용하는지부터 먼저 생각해보면 좋겠다. 열린 마음으로 자신의 말투에 대해 가까운 사람에게 물어봐도 좋다. 우리는 많은 말들을 습관적으로 툭툭 내뱉게 되는데 상대방에게 번번이 상처를 줄 수 있다. 소중한 사람은 가까이에 있을 때 관계를 잘 지켜야 한다. 떠나고나면 후회해도 소용없다. 직장에서도, 가정에서도.

대화에도 지켜야 할
선이 있다

첫 직장인 D기업에 입사한 지 일 년이 조금 넘었을 즈음, 퇴사를 결심했다.

"부장님, 제가 건강이 좀 안 좋아져서 부모님이 계신 곳에 내려가려고 합니다."

당시 부서장이었던 상사에게 이야기하니 놀란 듯 쳐다보았다.

"부장님, 저 퇴사하려고요…"

"아, 그래… 생각 좀 해봅시다."

그렇게 간단히 대화한 후 2주가 지났다. 그가 나를 불렀다.

"내가 2주 동안 좀 지켜봤어. 왜 갑자기 퇴사를 생각하게 되

었나 싶어서 말이야. 이직하는 것도 아니고, 고향에 간다고
하니까… 특별히 아픈 데가 없어 보이던데 어디가 안 좋아?"
"과로로 눈동자에 혹이 났어요. 약 먹고 이제 좀 낫긴 했는
데 좀 쉬어야 한대요. 요즘 몸이 너무 피곤해요. 아침에 일어
나는 것도 힘들고요."
"아, 그랬구나…"
"그동안 작가 공부랑 회사 일이랑 겸하면서 좀 무리한 것 같
아요. 부모님 곁에 가서 좀 쉬고 싶어요."
"그래… 혼자 지내면서 밥도 잘 못 챙겨 먹고 많이 힘들었겠
네. 조금 더 시간을 가지고 천천히 생각해보면 어떨까?"
그는 충분히 생각해보라면서 시간을 주었고 바로 후임을 뽑
지도 않았다.

사실, 나는 그렇게 퇴사를 만류하고 싶을 만한 우수한 사원
이 아니었다. 그 회사에 입사한 지 6개월이 된 시점(신입이라는
딱지도 안 떨어졌을 무렵), 상사의 동의를 구하고 일주일에 한 번씩
칼퇴근 후 드라마 작가 공부를 하러 다녔다. 야근도 적지 않은
상황에, 밤마다 드라마 대본 쓰느라 6개월 만에 몸이 엉망진창
이 되었다. 몸이 힘드니까 작가의 꿈도, 월급 받는 재미도 몽땅

없어졌다. 그저 부모님 곁에 가서 쉬고 싶은 마음뿐이었다. 오랜 세월이 지난 지금도 그의 마음을 다 헤아릴 수는 없지만 그 상사와의 대화를 통해, 대화에서도 지켜야 할 선이 있다는 것을 배웠다.

나는 성격이 급하다. 집안에서도 (결코 느리지 않은) 몸보다도 더 급한 마음에 여기저기 부딪히고 다니고, 내 손을 빼기도 전에 문을 닫아 손가락이 끼는 일도 종종 있다. 운전할 때 빼고는 무엇이든 빨리 해야 한다. 그러다보니, 업무가 미뤄지는 것을 극도로 싫어한다. 덕분에 대리급까지는 '빠릿 빠릿한 일잘러'라는 소리를 들었다. 팀장이 되고나니 달랐다. 팀에 일이 떨어지면 미루지 않고 덤볐다. 그런데 우리 팀의 결과물이 나올 때쯤 일의 방향이 바뀌는 일이 생겼다. 단체 삽질을 몇 번 하고난 후부터는 눈치를 보면서 안전한 시점에 일을 시작했다. 이 급한 성격은 대화를 할 때도 어김없이 발동했다.

B기업의 팀장일 때 나에게 큰 힘이 되었던 안지영 대리가 있었다.

"안 대리, 우리 팀 몇 명의 R&R(Role and Responsibility, 역할과 책임)을 좀 바꾸는 게 어떨까 싶은데 어떻게 생각해요?"

그녀는 머뭇거리며 대답을 못했다.

"대답 좀 해봐요. 지금 그대로 유지하는 게 좋겠어요? 재정 비를 좀 하고 팀 분위기를 바꿔보는 게 좋겠어요?"

"아, 글쎄 그게…."

외로운 독불장군이었던 나에게 그녀는 항상 진심으로 대해 주었고, 나의 빈틈을 소리 없이 잘 메꾸어주었다. 그런데 한 번씩 질문을 던지면 머뭇거리며 대답을 잘 못했다. 둘의 대화에서도 그렇고, 회의에서도 마찬가지였다. 한번은 그녀에게 물어봤다.

"안 대리, 궁금한 게 있는데… 내가 질문할 때 빨리 대답을 못할 때가 있죠. 왜 그래요? 내 질문이 이상해요?"

"음… 그런 게 아니라…."

"그럼 왜 그래요? 그럴 때마다 좀 답답해서요."

"사실은… 음… 팀장님, 저는 생각할 시간이 필요합니다. 빨리 대답하는 게 저한테는 힘든 일이에요."

그녀가 그 말을 할 때 얼마나 용기를 내고 있는지 느껴졌다. 그동안 빨리 대답하라는 강요에 얼마나 힘들었는지도. 그 이후 부터 그녀에게는 생각할 시간을 주도록 신경 썼다. 곤란해하던 그녀의 표정을 생각하면 지금도 마음이 아프다.

자기가 하고 싶은 말이 있을 때 그 순간 뱉어버리고 마는 사람들이 있다. "이 과장은 어떻게 생각해요?", "지난 번 그 건은 어떻게 됐어요?"라면서 긴장한 상대에게 시간을 주지도 않고 대답을 요구한다. 대화가 아니라 압박 면접이다. 사람마다 대화의 타이밍이 다르다. 누군가는 이해와 판단이 빠르고 자신의 생각을 표현하는 것에도 거리낌이 없어서 대화의 속도가 빠를 수 있고, 누군가는 자신의 생각을 정리하는 데 좀 더 시간이 필요할 수도 있다. 좋은 대화를 하기 위해서는 상대방의 타이밍을 존중해야 한다. 타이밍은 사람마다 다르지만 조금만 관심을 기울이면 충분히 예측할 수 있다. 자신이 급하다고 서두르는 것은 '대화의 선'을 넘는 것이다.

상대방이 바로 답을 못하고 머뭇거리고 있다면 "아, 좀 더 생각해보세요. 오후에 다시 이야기해요."라고 말해 상대방이 곤란하지 않도록 하는 게 좋다. 대답을 빨리 못하는 안지영 대리와 같은 입장이라면 "갑자기 물어보셔서 바로 답을 드리기가 좀 어렵습니다. 생각해보고 말씀드리겠습니다. 언제까지 답변을 드리면 될까요?"라고 대답하면 된다. 머뭇거리면 우유부단하고 자신감 없는 사람으로 보이고, 얼렁뚱땅 대답하면 성의 없는 사람으로 보일 수 있다.

한 고객사의 담당자와 통화를 하던 우리 직원이 전화를 끊으며 "휴, 그 회사의 비하인드 스토리까지는 얘기를 안 해도 될텐데… 아, 투머치(too much)야."라고 말했다. 직원은 그가 지나치게 내부 속사정 이야기를 해서 곤란할 때가 종종 있다고 했다.

지나친 정보 제공을 TMI(Too Much Information)라고 한다. 의도치 않게 다른 사람의 개인적인 이야기나 사소한 것까지 알게 되는 경우를 말한다. 호랑이 담배 피던 시절에는 남의 집 숟가락 개수에도 관심을 가졌다. 지금은 건강한 개인주의 시대이다. 타인의 삶을 침해하지도 않고, 자신의 삶을 침해당하려고 하지도 않는다. 민폐 캐릭터가 되지 않으려면 말의 내용을 적당히 조절해야 한다. 특히 사생활에 대한 관심은 선을 잘 지켜야 한다.

한 중소기업의 임원은 평소 자신의 남자 친구가 외국에 있다는 것을 공공연히 말하고 다니는 직원과 대화 중에 "남자 친구가 외국에 있다고 했죠? 결혼하면 회사 그만둘 거예요?"라고 질문했다가 곤혹을 치렀다. 자신의 사생활을 거리낌 없이 말하는 자유분방함이 있지만, 사생활에 대한 개입은 원하지 않는 세대와 공존하고 있다. 말 그대로 '선을 지키는 존중'을 해야 아무 탈이 없는 시대이다.

나도 언제부터인가 쓸 데 없는 참견이나 말이 많아지는 것 같아서 자제하려고 노력한다. 출근할 때 주문처럼 외운다. 주말 동안 뭐했는지 먼저 말하기 전에는 물어보지 않기, 내 아이들에 대해 물어보지 않으면 먼저 말하지 않기(엄마가 되고 나니 내 아이들 이야기가 너무 하고 싶다), 연애 상담은 물어보는 것만 답하기와 같은 것들이다. 직장에서는 무시나 비난과 같은 말만 선을 넘어서는 것이 아니다. 상대방의 의사와는 상관없이 훅 들어가는 것을 삼가해야 한다.

●○○

상사의 말이 곧 법이었던 시절, 나의 퇴사 의사에 충분한 시간을 주고 기다려준 그 상사는 어떤 일에도 성급하게 나서는 법이 없었다. 자신이 있는 앞에서 주먹다짐하며 싸우는 부하 직원들에게도 즉시 책임을 묻지 않았다. 그에게서 본 포용력과 아량이 오십 대가 되면 저절로 생기는 줄 알았다. 그 나이를 코앞에 두고보니 나이로 거저 얻는 것은 주름뿐이다. 대화의 선을 지키며 상대방을 존중하는 것은 그 노력을 꾸준히 한 사람만이 가질 수 있는 좋은 인품이다. 사람들은 자신을 진심으로 존중하는 사람에게 깊은 호감을 느낀다. 대화에서 넘지 말아야 할 선을 구분하고 적당한 거리를 유지하는 것이 오랫동안 좋은 관계를 유지하는 비결이다.

친절하게
거절하는 법

　　나의 인생 영화는 1999년에 개봉한 로베르토 베니니 감독, 주연의 〈인생은 아름다워〉이다. 주인공 귀도는 다섯 살 아들에게 무자비한 수용소 생활을 단체 게임이라고 속이고, 죽는 순간까지 재치와 유머로 아들과 아내에 대한 사랑을 표현한다. 같은 영화를 반복해서 보는 일이 거의 없는 내가 이 영화는 최소 열 번은 본 것 같다. 이 영화가 나에게 특별하게 여겨지는 또 하나의 이유는 귀도를 볼 때마다 아버지가 떠오르기 때문이다. 그와 큰 코가 닮았고, 재치와 유머가 닮았다.

　　해병대 군인이셨던 아버지는 어릴 때부터 세 딸을 앉혀놓고 군대 무용담을 자주 들려주셨다. 많은 이야기 중 가장 기억에 남은 것은 '아빠의 무모한 도전'이었다. 아버지는 베트남어를 못하는데 베트남어 시험에 도전하셨고, 결국 베트남전에 통역관으로 참전하셨다. 삼십 년 넘는 군생활에서 재치와 도전정신으로 위기를 모면하고 기회를 만들어내셨던 이야기들은 들어도 들어도 흥미로웠다. 그래서인지 나도 가끔, 무모한 도전을 했다.

첫 사업을 정리한 후 할 일이 없을 때였다. 경제매거진 〈포브스〉를 펼쳤다가 만나고 싶은 사람을 발견했다. 스타트업 투자자였던 그를 만나러 무작정 찾아갔다. 공개되지 않은 그의 사무실을 보물섬 찾듯 찾아갔지만 그를 만날 수는 없었다. 그 대신 나를 만나준 사람은 그의 비서였다. 그렇게 매일 찾아간 지 2주 정도 된 날이었다. 건물 1층에 도착해서 그의 비서에게 전화를 했다.

"안녕하세요. 실장님."

"아, 안녕하세요. 오늘도 오셨어요?"

"하하, 네, 대표님은 오늘도 바쁘세요?"

"네, 오늘도 스케줄이 많긴 한데 제가 한 번 더 확인해볼게요."

"감사합니다. 실장님!"

전화를 끊고 10분 정도 지난 후, 그가 평소와는 다르게 밝은 표정으로 내려왔다.

"대표님이 다음 미팅하기 전까지 10분 확보했어요. 10분을 30분으로 만들거나 10분을 1분으로 만드는 것은 신 대표님의 역량입니다. 제가 도와드릴 수 있는 것은 여기까지입니다."

"와! 정말 감사합니다. 실장님."

한 달은 가볼 작정이었는데 생각보다 빨리 만남이 이루어졌다. 2주 동안 나를 문전박대하는 악역을 했던 그 실장은 항상 나에게 예의를 갖추었고 정중했다. 나는 그를 '친절한 거절 씨'로 기억한다.

누군가에게 부탁하는 것은 참 어렵다. 그런데 부탁만큼 어려운 것이 거절이다. 거절도 부탁만큼 큰 용기가 필요하다. 거절은 뜻을 분명히 전하면서 상대방의 감정에 대한 챙김이 있어야 한다. 거절당하면 마음이 불편할 수밖에 없다. 불편함에 불쾌감까지 덤으로 주지 않기 위해서는 예의를 갖춘 미소를 띄고, 부드러운 말투로 정중하게 거절의 말을 해야 한다. 이때 쿠션 역할을 하는 말랑말랑한 말투를 쓰는 것이 도움이 된다. '쿠션 화법'은 다양한 대화에서 활용되는데 거절이나 반대의 표현에서는 미안함이나 양해의 뜻을 담을 수 있다.

💬 거절이나 반대에서 사용되는 쿠션의 말투

실례지만… 이제 그만 돌아가주시기 부탁드립니다.

죄송합니다만… 도움을 드리기 어렵습니다.

불편하시겠지만… 다음 기회를 이용해주시기 바랍니다.

이해해주신다면… 다른 방법을 제안해 드리겠습니다.

괜찮으시다면… 다른 방안을 검토해보는 것이 좋겠습니다.

직장에서 타 부서의 동료가 일을 좀 급히 처리해달라고 부탁하는 상황이다. 나도 급하게 처리해야 할 사안이 있어서 거절해야 한다면 들어주지 못한 것에 대한 미안함이나 안타까움의 감정을 전달하는 것이 좋다. "안 됩니다. 저도 바빠요."라고 딱 잘라서 말하기보다는 "아, 죄송합니다. 제가 지금 당장 할 수 있는 상황이 안 되어서요."라고 해야 한다. 대안을 제시할 수 있다면 더 좋다. "혹시 외주로 진행하는 건 어떨까요? 필요하시면 믿을 만한 업체를 소개해드릴 수 있어요." 또는 "혹시 일정을 조절할 수 있으면 다음 주에는 가능할 것 같은데 어떠세요?"라고 말이다. 상대방 입장에서 대안이 실질적인 도움이 되지 않을 수도 있다. 하지만 충분히 배려받았기 때문에 마음이 불편하지 않고, 다른 대안을 마련할 힘도 생긴다.

💬 거절을 잘하는 방법

1. 거절의 의사를 명확하게 전달하라.
2. 미소를 띄고 부드러운 말투로 표현하라.
3. 대안을 제시하라.

거절을 하면서 미소를 띄지 않아야 할 때가 있다. 상대방이 무례할 때이다. 거절했는데 재차 부탁하거나 뻔뻔스럽게 부탁하는 사람들이 있다. 돈을 빌려달라고 해서 정중하게 거절했는데 재차 이야기한다면 얼굴에서 미소를 거두고 머뭇거리지 말고 단호하게 의사를 표현하는 것이 좋다. 이때 긴 설명은 필요 없다.

알고보면 우리는 무수히 많은 거절을 당하며 산다. 이성에게 호감을 표현할 때, 이웃에게 호의를 베풀 때, 물건을 팔기 위해 상품 설명을 할 때, 비즈니스 제안을 할 때, 취업 면접을 볼 때 등 크고작은 거절의 상황에서 살아간다. 거절이 두려워서 부탁이나 제안의 행동을 하지 않는 사람도 있다. 그것이 편하다면 그런 삶을 선택할 수도 있다. 하지만 삶이라는 것이 언제나 내 뜻대로만 되는 것은 아니다. 거절을 잘 당하는 연습도 필요하다.

우리가 거절을 당할 때 상처를 받는 이유는 상대방이 나를 부정했다고 생각하기 때문이다. 거절은 나 자체를 부정하는 것이 아니라 '그 부탁에 대한 거절'임을 기억해야 한다. 거절당할 때는 미소를 띠며 다른 대안을 찾아야 한다. 거절한 사람도 거절당한 사람만큼이나 마음이 불편하다. 미소로 '거절해도 괜찮아요'라는 메시지를 보내서 상대방을 배려하는 것이 좋다. 한 모임에서 남자는 호감이 가는 여자에게 데이트 신청을 하고 싶다.

> **남자**: 최근에 영화 본 적 있으세요?
>
> **여자**: 아니요. 영화 안 봤어요. 영화 보는 거 좋아하세요?
>
> **남자**: 네. 저는 혼자도 자주 보러 갑니다.
>
> **여자**: 아, 정말 영화를 좋아하시나 보네요.
>
> **남자**: 네, 좋아해요. 혹시 얼마 전에 개봉한 〈블랙 위도우〉 같은 영화는 어떠세요?
>
> **여자**: 본 친구들은 재미있다고 하던데… (미소를 지으며) 저는 별로 안 보고 싶어요.
>
> **남자**: (미소를 지으며) 아, 네, 그럼 혼자 보러 가야겠네요. 보고 싶다고 하시면 같이 보러 가려고 했는데 말이에요. 그럼, 보통 주말에 뭐 하세요?

여자는 영화 함께 보자는 의도를 비친 남자의 말에 미소를 지으며 거절을 표했다. 그녀의 속마음은 알 수 없다. 친밀하지 않은 남자와 영화 보는 것이 불편할 수도 있고, 진심으로 그 영화가 보기 싫은 것일 수도 있다. 그럴 때는 유쾌하게 거절을 받아들이고 다른 기회를 만들기 위한 대화를 이어나가는 것이 좋다. 한번 해병은 영원한 해병이지만 한번 거절은 영원한 거절이 아니다.

우리는 종종 대량의 거절도 경험하는데 대표적으로 '취업의 문'이 될 수 있다. 스물아홉에 두번째 다니던 회사에서 퇴사했다. 해외여행과 영어어학연수를 하느라 2년을 보냈다. 한국으로 돌아와서 다시 취업하기 위해 이력서를 수십 군데 넣었지만 오라는 데가 없었다. 대량으로 거절을 당하면 의욕과 의지가 수직으로 하강하게 된다. 많은 회사들이 나를 거절할 때 나를 흔쾌히 받아준 회사는 가장 조건이 좋은 두 회사였다. 나의 경력이 두 회사의 채용 조건에 딱 맞지 않아서 별 기대 없이 지원했는데 아이러니하게도 최종 합격을 했다.
취업을 해야 할 때, 사업이나 영업을 할 때와 같이 거절이 한꺼번에 몰아칠 때가 있다. 웬만한 강심장도 쪼그라들게 된다. 유재석은 무명시절에 한 프로그램의 아주 작은 역할마저 거절당하고 나서, 신에게 딱 한 번만 기회를 달라며 간절히 기도했다고 한다. 거절 앞에서 좌절만 하고 있지 않기를 바란다. 거절은 다른 기회가 열리는 문이 될 수 있다. 그 문으로 더 멋지고 벅찬 감동이 있는 사랑이, 직장이, 사업이, 예상치도 못했던 좋은 기회가 열릴지 아무도 모르는 일이다. 거절 앞에서 용기를 잃지 말자.

●○○

나중에 알고보니 '모르는 사람은 절대 만나지도 않는다'라는 그 투자자의 원칙에서 첫 번째 예외 케이스가 나였다고 했다. 그와 만나서 20분 정도 대화를 했고, 사업계획서(지금 생각하면 말도 안되는, 부끄럽기 짝이 없는)를 메일로 보내기도 했다. 그때 투자 유치에 성공하지는 못했지만 거절당하는 용기를 얻었다. 그 후 시작한 사업의 초창기에 수많은 거절을 당했다. 그 과정을 거친 후 첫 성과를 냈을 때의 기쁨은 이루 말할 수 없었다. 나의 무모한 들이댐에 미소 띤 얼굴로 대해준 친절한 거절 씨에게 꼭 말하고 싶다. 덕분에 많이 단단해졌다고, 그때 정말 고마웠다고. 그리고 무모하게 도전할 용기를 몸소 보여주신 아버지에게도 감사한다.

●○○

아침에 눈을 떴을 때 사랑하는 사람이 환한 미소로 아침 인사를 하고, 출근길에 만난 직장 동료는 반갑게 인사하며 오랜만에 점심 식사 약속을 정한다. 팀원에게 어려운 업무를 맡기는데 불평불만 없이 열심히 하겠다는 열의를 다진다. 평소 호의적이지 않았던 거래처에서 프로젝트를 의뢰하고 싶다는 연락을 받는다. 막힘없이 술술 풀리는 하루, 이것은 행운을 부르는 말투 덕분에 보내게 되는 편안한 일상이다. '행운은 준비된 마음에만 깃든다.' 프랑스 미생물학자 루이 파스퇴르의 말이다. 행운은 선택받은 사람에게만 찾아오는 것이 아니다. 누구에게나 주어지는 것으로, 끌어당겨 붙잡는 사람의 몫이 된다. 친밀한 말투로 자신의 행운을 끌어 당기자.

PART 3

행운을 부르는
친밀한 말투

그녀의 "안녕하세요!"가
특별한 이유

이사하기 전 그 동네에서 4년 정도 살았다. 4년을 한 아파트에 살면서도 엘리베이터를 타면 인사를 하는 이웃이 있고, 시선을 피하는 이웃이 있다. 그런 이웃들 가운데 "안녕하세요!"의 세계 최강이 살고 있다. 그녀는 언제나 밝은 목소리로 환하게 미소 지으며 "안녕하세요!"라고 인사했다. 그녀와 마주치면 딱히 무슨 대화를 하지 않아도 기분이 참 좋았다. '아침 햇살 같은 미소'라는 말은 그녀를 위해 있는 말 같았다.

호감 가는 첫인상을 위해, 친밀감을 형성하기 위해 우리가 가장 먼저 해야 하는 한 가지를 꼽으라면 밝은 목소리로 미소 지으며 "안녕하세요!"라고 말하는 것이다. 캘리포니아대학교의 앨버트 메라비언 교수는 대화에서 언어가 차지하는 비율은 단 7퍼센트뿐이라고 했다. 목소리가 38퍼센트, 나머지 55퍼센트는 시선, 표정, 몸짓과 같은 비언어 신호라고 했다. "안녕하세요!"라는 한마디에 어떤 목소리와 표정을 담느냐에 따라 반가운 인사가 될 수도 있고, 형식적인 인사가 될 수도 있다.

마트에서 물건을 사기 위해 계산대 앞에서 줄을 서 있다고 상상해보자. 앞에 서 있던 남자의 순서가 되어 계산을 하면서 몇 마디 말을 하는데 중저음의 매력적인 목소리이다. 그럴 때 그 목소리에 끌려 그 사람을 다시 본 경험이 것이다. 매력적으로 느껴지는 목소리는 개인의 취향에 따라 다를 수 있지만, 성량이 풍부하고 음색에 변화가 있고 비음이 섞이지 않은 낮은 목소리에는 누구나 끌린다. 인사말도 마찬가지이다. 웅얼거리거나 상대방이 들리지 않을 정도의 작은 목소리, 지나치게 빨리 말해서 알아듣기 힘든 목소리는 호감을 줄 수 없다. 짧은 한마디에도 힘을 실어서 명확하게 전달해야 한다. 특히 마스크를 쓰고 있을 때는 의도적으로 좀 더 선명한 목소리를 내려고 해야 한다.

직장에서는 인사만 잘해도 인간관계의 서막이 열린다. 출퇴근 때나 업무 중 오가면서 만나는 직장 동료나 상사에게 씩씩하게 인사하면 좋은 인상을 남길 수 있다. 많은 대화를 나누지 않고도 친밀감을 느끼는 마법 같은 말이다. 직장에서 상사가 일이 힘든 상황에 처해 있을 때에도 부하 직원들에게 밝게 인사한다면 진심 어린 존경이 뿜어나올 것이다. 인사는 짧은 순간이기 때문에 인사하는 대상과 말의 내용이 분명해야 한다. 습관적으로 하는 인사가 아니라 성의를 담아야 한다.

💬 상황에 따른 직장에서의 인사말

부장님, 좋은 아침입니다.

대리님, 좋은 하루 보내세요.

과장님, 식사 맛있게 하세요.

지영 님, 점심 식사 맛있게 했어요?

미소 씨, 오늘도 수고 많았어요.

대학원에 다닐 때였다. 장난기 많은 동기 한 명이 나를 '우리 대학원의 아나운서'라고 소개하곤 했다. 당시 대학원 행사의 사회를 많이 봐서 장난처럼 말한 것인데 갓 입학한 후배들은 내가 진짜 아나운서라고 오해했다. 나중에 들으니, 후배들의 인사를 내가 잘 받아주지 않아 나를 어렵게 생각한 모양이다. 단지 나는 그들이 인사하는 것을 보지 못했을 뿐이었다.

인사를 주저하게 되는 경우는 상대방이 인사를 안 받을까 봐 걱정되기 때문이다. 적당히 가까운 거리에 있을 때(3미터 이내) 눈을 마주치며 정확하게 상대방을 부르면서 인사를 해야 한다. 엘리베이터나 휴식 공간에 짧은 시간 함께 머물고 있다면 "어디 가세요?", "어디 다녀오세요?"라던가 "바쁘시죠?", "커피 드릴까요?" 정도의 간단한 인사말을 건네는 것도 좋다. 오가며 자주 만나는 사람은 간단한 목례와 눈인사로 대신할 수 있다. 만날 때마다 인사말을 건네면 서로 부담이 될 수도 있다.

퇴근하면서 윗사람에게 "안녕히 계세요.", "수고하십시오."라고 말하는 것은 잘못된 인사말이다. "언제 퇴근하세요?", "제가 할 일 있을까요?"라고 윗사람에게 예의를 갖춘 후 "먼저 퇴근하겠습니다.", "내일 뵙겠습니다."라고 하는 것이 좋다.

영화제 시상식 돕는 일을 몇 차례 한 적이 있다. 눈부시게 아름답고 멋진 사람들을 한꺼번에 볼 수 있는 흔치 않은 기회이다. 유명 배우들이 '광채'를 하나씩 달고 내 앞을 지나다닐 때, 한 줄기 빛도 없이 지나가는 중년의 남자 배우가 있었다. 무표정한 얼굴에, 짙은 메이크업도 그의 노화된 피부를 가리지 못했다. 그런데 무대 위에서 그가 미소 짓자 모든 게 달라졌다. 세상 모든 광채가 그의 얼굴에 있는 듯, 해외 유명 감독들조차도 백만 불짜리 미소라고 하는 것에 동의할 수밖에 없었다. (평소 관심도 없던) 의외의 사람에게서 미소의 힘을 경험한 순간이었다.

'나는 당신이 정말 좋아요' 이것은 미소가 전하는 메시지이다. 미소는 보는 것만으로 행복해지고 편안해진다. 데일 카네기의《인간관계론》에는 미소로 인생을 변화시킨 증권맨의 이야기가 소개되어 있다. 평소 미소 짓는 것이 어색하고 무뚝뚝한 사람은 이 이야기에 귀를 기울이기 바란다.

남자는 데일 카네기로부터 일주일 동안, 한 시간마다 만나는 사람들에게 미소를 지으라는 미션을 받았다. 남자는 첫날 아침에 식탁에 앉아 "좋은 아침이야. 여보"라고 웃으며 인사했다. 그는 결혼한 지 18년이 되도록 아침에 아내에게 미소를 보인 적이 없는 무뚝뚝한 남자이다. 아내는 낯선 남편의 모습에 몹시 당황했다. 남자는 미션으로 주어진 일주일이 지나고 2개월 동안 미소를 지으려고 노력했고 그 결과를 데일 카네기에게 편지로 보냈다. 다음은 책에 소개된 그의 편지 중 일부이다.

'태도를 바꾸자, 작년 일 년보다 지난 두 달 동안 느낀 행복이 더 컸습니다. 출근할 때면 아파트 엘리베이터 안내원에게 미소를 지으며 인사를 건넵니다. 증권거래소에 들어가면서도 최근 들어 한 번도 웃어본 적이 없는 사람에게도 미소를 짓습니다. 불만 사항을 가지고 저를 찾아오는 사람들에게 활기찬 태도로 대합니다. 상대방의 말을 들을 때 미소를 지었더니 훨씬 쉽게 합의점에 도달한다는 걸 깨달았죠. 미소가 돈을 불러온다는 것을 알게 되었습니다. 이제 완전히 다른 사람이 되었습니다. 제 삶은 더 행복하고 풍요로워졌죠.'

미소를 지으면 더 매력적으로 보이고 더 행복해진다. 사람들의 마음을 쉽게 열 수도 있다. 우리가 미소를 아낄 이유가 있을까? 증권맨처럼 일주일만 '미소 짓기 미션'을 해보기 바란다. 일주일 동안 매 순간 미소를 짓는 것에 성공한다면 평생 동안 미소 덕분에 행복해질 것이다.

미소 짓기를 수행하는 3단계

1단계, 미소의 에너지 기억하기

자신이 환하게 웃고 있거나 기억하고 싶은 순간이 담긴 사진, 동영상을 찾아서 반복해서 보라. 사진이라면 가장 잘 보이는 곳에 붙여놓자. 내가 미소 지을 때 전달되는 좋은 에너지를 기억하는 단계이다.

2단계, 미소 짓게 되는 주변 환경 만들기

미소 짓기 미션을 하고 있다는 메모를 가장 잘 보이는 곳에 붙이자. 나는 거실과 사무실 벽에 '오늘도 미소 짓자'라는 메모를 붙여놓았다. 메모를 보면 나도 모르게 미소 짓게 된다. 저절로 미소가 나오는 사진(사랑하는 사람이 웃고 있는 사진, 가족과 함께 찍은 즐거운 모습의 사진 등)을 붙여놓는 것도 좋다. 미션이 작심삼일에 그치지 않도록 하는 데 도움이 된다.

3단계, 미소 일기 쓰기

마지막 단계가 미소 일기를 쓰는 것이다. 기록은 삶을 긍정적으로 변화시키는 데 매우 효과적이다. 간단한 메모처럼 쓰는 두 줄 일기도 좋고, 아침에 일어나서 또는 저녁에 잠들기 전에 쓰는 하루 일기도 좋다. '출근 길에 엘리베이터에서 청소하시는 분을 만났다. 미소 지으며 인사했다. 기분이 좋다'와 같은 정도만으로도 충분하다.

주변을 둘러보면 간단해 보이는 말 한마디의 인사를 '잘' 하는 사람을 보기가 어렵다. 나도 인사를 잘 못하던 시절이 있었다. 평소에 인사를 잘 못하는 사람에게는 좀 어색할 수 있다. 인사하면 흔쾌히 받아주는 사람들에게서 출발하는 것이 좋다. 나는 식당에서 일하시는 분들, 엘리베이터 청소하시는 분들, 아파트 관리하시는 분들께 "안녕하세요!", "감사합니다!", "수고하세요!"를 크게 외치는 것부터 시작했다.

호감과 존경, 더 넓고 깊은 인간관계를 불러오는 쉽고 간단한 방법을 아낄 이유가 없다. 미소 지으며 인사하지 않으면 지금 당장 아무 일도 일어나지 않는 것처럼 보이지만, 매일 자신의 행복을 손해보고 있다는 것을 기억하기 바란다.

●○○

한 남자가 여자와 소개팅을 하기로 했다. 사진에서 본 그녀는 이목구비가 특별히 예쁘지 않았다. 별 기대감이 없었던 남자는 그녀를 만난 순간 한눈에 반했다. 그녀의 환한 미소는 5초 만에 그의 마음을 사로잡았다. 예쁜 미소는 단단한 마음의 장벽을 무너뜨린다. 미소는 친구를 만들어주고, 사랑을 확인하게 하고, 행운을 가져온다. 미소를 많이 써도 가난해지지 않지만 누구에게 빌려 쓸 수는 없다. 한순간도 예측할 수 없는 삶이다. 오늘도 미소 짓자!

이사를 온 이 동네에도 "안녕하세요!"의 강자가 있다. 마스크를 쓰고 있음에도 불구하고 그녀의 밝고 씩씩한 목소리는 공기를 정화시킨다. 그녀의 목소리 덕분에 나는 또 반성과 배움의 장을 펼친다. 오늘도 씩씩하게 인사하자!

사람을 끌어당기는
긍정의 말투

한비야는 한 인터뷰에서 자신이 일기를 쓰지 않았으면 시니컬한 사람이 되었을 것이라고 했다.

세계를 무대로 아찔한 줄타기를 서슴치 않았던 모험가에게서 '시니컬'이라는 고백의 단어가 툭 튀어나와서 놀랍고 흥미로웠다. 한창 혈기왕성하던 시절, 누군가가 나에게 한비야를 닮았다고 했다. 도전 정신에 대한 것이었기에 당시에는 손사래를 쳤는데 지금까지 그 말을 기억하고 있는 것을 보면 내심 싫지 않았던 모양이다. 굳이 그녀와 닮은 점을 꼽아본다면 심한 길치라는 것, 말이 빠르다는 것 그리고 내면의 부정적인 에너지를 관리의 대상으로 삼는다는 것 정도가 될 것 같다.

가까이에 두어서는 안 될 사람 1순위를 꼽으라면 습관적으로 부정적인 말을 하는 사람이라고 생각한다. 특별할 것이 없는 그냥 일상에서도 부정적인 말의 비중이 높은 사람들이 있다. 그들을 '에너지 뱀파이어'라고 부르기도 한다.

안부를 물으면 "똑같지 뭐. 힘들어."라는 말로 시작해서 "가족 중 누가 다쳤다."와 같은 일상에서 생길 수 있는 안 좋은 일들을 나열하고, 가깝고 먼 미래의 걱정거리들을 쏟아낸다. 짧게 대화했을 뿐인데 지구의 중력이 내 기운만 앗아간 듯한 상태가 된다.

직장에서는 싫은 소리를 들으면 세상을 잃은 듯한 표정으로 우울함을 드러낸다. 말 한마디에 온몸으로 상처받는 사람이 있으면 그 주변 사람들도 고스란히 불편을 느낀다. 일에 쏟아야 할 에너지를 감정에 쏟게 되고, 반복되면 일의 성과에 악영향을 미치게 된다.

연애할 때도 예외는 아니다. 상처를 잘 받거나 걱정과 근심이 많은 사람은 이성의 보호본능을 자극하기도 한다. '내가 기댈 언덕이 되어줘야겠다.', '내가 수호천사가 되어 지켜줘야 한다.'며 정의감을 활활 태울 수도 있다. 강력한 긍정의 기운이 상대를 변화시킬 수도 있지만 높은 확률은 아니다. 많은 경우 상대방의 부정적인 에너지에 빠져 함께 허우적거리게 된다.

부정적인 사람들은 "안 될 줄 알았어.", "안 될 거야!", "역시 나는 안 되나봐.", "내 인생이 그렇지, 뭐!"와 같은 말을 습관적으로 한다. 이런 말을 자주 하는 사람 중에 행복한 사람이 있다면 그건 기적이다. 불행해서 그 말을 하는 것이 아니고, 그 말을 하기 때문에 불행하게 된다.

한비야와 나뿐 아니라 누구에게나 내면의 깊은 곳에는 부정적인 생각이나 감정이 있다. 타인에 대한 비난과 비판, 과거에 대한 후회와 미련, 미래에 대한 두려움과 걱정 등 내용이 다르고 그 크기가 다를 뿐이다. 이것을 드러내면 부정적인 사람이 되고, 이것을 잘 관리하면 긍정적인 사람이 된다.

운전 중에 갑자기 끼어드는 다른 운전자를 향해 "아, 저 새끼! 운전을 뭐 저 따위로 하고 있어! 저런 것들은 크게 한 번 사고가 나봐야 정신을 차리지."라며 부정적인 말투를 쏟아내는 사람들이 있다. 무서운 말로 일침을 가해도 상대방에게는 별 영향을 미치지 않는다. 창문을 내리고 욕하고 소리친다 해도 마찬가지이다. 그 말의 부정적인 에너지를 받는 사람은 자기 자신과 그 차에 동승한 사람들이다. 잘못은 제3자가 했는데 피해는 자신과 주변 사람들만 입는 꼴이 된다. 이런 상황은 차 안이라는 특수한 상황에만 해당되지 않는다. "좀 놀라긴 했지만 사고 안

났으니 참 다행이야."라고 긍정적으로 말할 수 있으면 좋겠다. 자신의 내면에 있는 부정적인 에너지가 삶에 영향을 미치지 않게 하기 위해서 다음 세 단계를 따르도록 하자.

1단계, 자신에게도 부정적인 에너지가 있다는 것을 인정한다.

2단계, 자신이 보내는 부정적인 말과 행동을 인지한다.

3단계, 자신만의 방법으로 부정적인 에너지를 관리한다.

한비야가 자신의 부정적인 에너지를 관리하는 방법이 일기였다면 나의 방법은 독서와 메모이다. 최근 일이 계획대로 잘 되지 않아서 마음에 좌절이 찾아왔다. '열심히 살지 말까?', '그냥 적당히 살까?' 하는 생각이 들었다. 마음이 어수선할 때 손에 잡히는 대로 아무 책이나 보는 습관이 있는데, 하필 그 책들에는 이런 글들이 있었다.

성공하는 가장 확실한 방법은 항상 한 번만 더 시도하는 것이다.
_토머스 에디슨

내가 아주 똑똑해서가 아니라 단지 문제를 더 오래 붙잡고 있었기 때문이다. _ 알베르트 아인슈타인

절대 포기하지 않는 사람은 이길 수 없다. _ 베이브 루스

충분히 오래 매달리면 원하는 일은 무엇이든 이룰 수 있다.

_헬렌 켈러

그 글들을 그냥 책상 앞에 붙여놓았다. (나는 이런 과정을 그냥 습관적으로 하는데) 어느 새 내 몸과 정신은 힘을 내고 있었다. 한때 나는 누구에게도 사랑받지 못하는 사람이라는 생각을 안고 있었다. 밤낮으로 통곡하며 보내던 어느 날, 화장대 거울에 '나는 행복하다'라고 써 붙였다. 당시에는 내가 한심하다는 생각도 들었다. 그로부터 몇 년 후, 나는 사랑받는 사람, 행복한 사람이 되어 있었다. 글쓰기는 머리에 맴도는 나쁜 생각, 가슴에 사무치는 나쁜 감정을 밖으로 꺼내는 효과가 뛰어나다.

긍정적인 말을 많이 하는 사람과 친하게 지내는 것도 좋은 방법이다. 천하무적 긍정의 사람과 몇 해 동안 일을 한 적이 있다. 사회적으로 꽤 성공한 지위에 있었던 그는 의사 표현이 분명했지만 늘 예의 바르고 상대방을 존중했다. 한번은 그와 큰 행사를 치른 후 행사에 대한 마무리 대화를 하는 중이었다. 행사 관계자 중 한 명이 사소한 몇 가지에 대해 트집을 잡기 시작했다. 그는 얼굴에 미소를 거두지 않고 때로는 침묵으로, 때로는 차분한 설명으로 대화를 이어나갔고, 더 해줄 말이 없을 때는 슬쩍 다른 말로 경로를 바꾸기도 했다. 그리고 유쾌하게 대화를 마무리했다. 대화하는 내내 그는 불쾌한 표정을 보이지 않았다. 나중에 내가 그에게 "다 반응이 좋았는데 왜 저럴까요?"라고 말했더니 "우리가 다음에 더 잘하면 되지요."라고 말하며 웃었다.

그는 언제나 최선의 과정으로 일을 즐겼고 긍정의 한마디로 일을 마무리했다. 그런 사람과 함께 일하는 것은 늘 편안했고 즐거웠고 보람 있었다. 좋은 성과는 덤이었다.

주변에서 초긍정의 사람은 보기 드물다. 오히려 가족, 연인과 같이 가까운 사람이 부정적인 사람이라 힘들 때가 많다. 관계를 끊지도 못하고 그렇다고 계속 영향을 받고 있자니 너무 힘들다. 가까운 사람과의 대화도, 경청의 자세도 중요하지만 내 삶을 치고 들어오는 강한 부정의 에너지는 차단해야 한다. 끊지 못하는 관계라면 물리적인 거리를 두고, 부정적인 에너지의 영향을 최소화해야 한다.

대화를 하다가 부정적인 말이 시작되면 말을 돌리거나 대화의 분위기를 바꾸어야 한다. 끌려다녀서는 안 된다. 그 사람을 변화시키겠다는 생각도 위험할 수 있다. 그 사람의 변화는 그 사람의 몫이다. 평소 부정적인 사람이 아니었는데 최근 부쩍 부정적인 말을 많이 한다면 누군가의 도움이 필요할 수 있다. 자신의 마음 근육이 단단한 상태라면 들어주는 것이 좋다.

긍정적인 말과 행동은 세상을 바꾸려는 야심 찬 결심이 아니다. 나와 내 주변 사람들의 인생이 좀 더 편안해지기 위해서 변화를 주저할 이유는 없다. 부정적인 말을 많이 하면 사람들이 거리를 두지만 긍정적인 말을 많이 하면 사람들이 모여든다. 긍정의 말투에는 사람들을 끌어당기는 강한 힘이 있다.

🗨 부정적인 말투를 대신하는 긍정적인 말투

역시 난 안 돼. → 다음에 더 잘하면 되지.

안 될 줄 알았어. → 다음에는 잘될 수도 있잖아.

저는 안 되나 봐요. → 다음엔 더 잘할게요.

내 인생이 그렇지 뭐. → 내 인생도 좋은 날이 있을 거야.

🗨 부정적인 몸짓을 대신하는 긍정적인 몸짓

얼굴을 찌푸린다. → 미소를 짓는다.

팔짱을 낀다. → 두 팔을 벌리고 양손의 손바닥은 위를 향한다.

시선을 피한다. → 시선은 상대방을 향한다.

머리카락이나 손톱을 만진다. → 양손을 가지런히 모은다.

어깨를 움츠린다. → 어깨를 편다.

●○○

좌절의 순간에 긍정의 메시지를 붙이고 나니 신기하게도 좋은 일들이 생겼다. 나는 합리적 낙관주의(비관적인 현실을 인정하면서 이를 극복해서 더 좋은 미래가 올 것이라고 믿는 것)라서 힘든 현실을 부정하거나 미래에 대한 막연한 희망이나 기대만 품고 있지는 않는다. 그저 나의 현실에 도움이 되는 주변 환경을 만드는 데 조금 노력을 들일 뿐이다.

주변에 있는 소중한 사람들을 둘러보자. 그들에게 내가 어떤 에너지를 나누고 있는지 생각해보자. 무심코 찌푸리는 나의 얼굴 표정에, "난 뭘 해도 안 돼. 내 인생은 거지 같아."라는 말 한마디에 그들의 마음도 같이 녹아내리는 건 아닐까? 감정의 에너지는 전염성이 강하다. 부정이라는 역병이 나와 내 주변을 삼키도록 놔두지 말자. 피할 수 있다면 피하고, 할 수만 있다면 긍정으로 덮어버리자.

부캐를 성장시키는
수용의 말투

프랑스 파리, 작은 로컬 카페에 리드미컬한 라틴 음악이 울려 퍼지고 있다. 푸른 빛의 눈동자를 가진 한 남자가 한 동양 여자에게 다가가 손을 내민다. 두 사람은 말없이 손을 잡은 채 살사댄스의 합을 맞춘다. 그녀의 이름은 엔비. 주말 밤마다 살사클럽을 헤매고 다녔지만 천상 몸치인 나에게 그런 기회가 올지는 꿈에도 몰랐다. 동행했던 팀원들은 놀라움을 감추지 못했고, 그렇게 나의 춤추는 부캐 '엔비'는 민낯을 드러냈다.

바야흐로, 부캐의 시대가 왔다. 2019년 MBC 방송연예대상 신인상은 유재석의 부캐인 '유산슬'이 받았고, '김주하 AI 앵커'는 김주하의 부캐로 맹활약 중이다. 연예인들은 원래 자신의 모습인 본캐와 새로운 이미지의 부캐를 넘나들며 신선한 재미를 선보인다. 직장인은 퇴근 후 유튜브, 글쓰기, 디자인 등의 다른 일을 통해 돈 버는 부캐를 키우기도 한다. 다중적 자아라는 뜻의 '멀티 페르소나'는 이미 익숙해진 말이다. 사람들은 상황에 따라 가면을 바꿔 쓰듯 다양한 정체성을 드러내고 있다.

나는 이런 트렌드 훨씬 전부터 늘 부캐를 키워왔다. 고백하자면, 나는 '백업 중독자'이다. 첫 직장을 다니면서 드라마 작가 공부를 했고, 쉬기 위해 내려간 고향에서는 피아노 학원에서 아이들을 가르치며 속기를 배웠다. 그 뒤로도 투잡, 공부, 자기계발 등 나의 백업 활동은 휴식이 없었다. 좋게 보면 가까운 미래를 계획하고 대비하는 것이고, 한편으로는 현재에 만족하지 못하고 다른 출구를 찾는 것이다. 그렇게 준비한 백업이 내 삶에 도움이 되기도 했다. 반면, 백업을 준비하느라, 부캐를 키우느라 본업과 본캐를 소홀히 하기도 했다.

B기업에 근무할 때, (한국 토종인 내가 적응하기 상당히 어려웠던) 글로벌핏 마인드의 직속 상관이 있었다. 당시 그는 부서의 파워를 키우려는 빅픽처를 품고 있었는데, 그것을 이루기 위한 프로젝트를 함께 준비하고 있었다.

"신 팀장, 지금 준비하는 이 프로젝트는 우리 부서에 아주 중요해요. 잘 준비해서 신 팀장이 발표하세요."

그 순간 잘못 들은 줄 알았다.

"네? 제가요? 그건 부장님이 하셔야죠. 제가 어떻게…"

"신 팀장이 해요. 발표할 때는 (양팔을 벌리는 몸짓을 하며) 온 몸으로 연기하듯이, 쇼맨십을 보여주면서 해요. 영어로요."

마른 하늘에 날벼락이었다.

"아… 부장님. 저는 못합니다. 정말 못해요."

"꼭 해야 해요!"

그가 나를 괴롭히려고 일부로 그러는 것이라는 생각까지 들었다. 그 며칠 후에 사직서를 제출했다. 그 후, 나와 유사한 상황에 처한 나의 한 부하 직원은 그 일을 해냈다. 그녀는 나처럼 사람들 앞에 나서는 것을 싫어했고, 사람들 앞에서 발표할 수 있는 영어 수준도 아니었다. 나는 못하는데 그녀가 할 수 있었던 이유는 그녀의 '수용하는 태도와 말투' 때문이었다. 나와 함께 일을 할 때도 늘 "네, 알겠습니다. 그렇게 한번 해볼게요."라고 말했다. 자연스레 팀에 좀 어려운 과제가 생기면 그녀에게 맡기게 되었고, 그녀가 잘할 수 있도록 도와주었다.

직장에서는 내가 안 해보거나 할 수 없다고 생각하는 일도 해야 할 때가 있다. 그것에 도전하고 이루어낼 때 우리는 성장한다. 그녀는 누구와 일을 하더라도 계속 성장했다. 그 회사에서 자신이 원하는 다른 부서로 이동하여 새로운 경력을 쌓고, 더 좋은 조건으로 이직도 했다. 그녀는 자신의 새로운 모습을 계속 끌어냈다. 내가 본 그녀는 직장인 부캐의 화룡점정이다.

직장에는 많은 기회가 있다. 폭넓은 인간관계, 성과급, 부서 이동, 승진 등 그 기회를 자신의 것으로 만드느냐 못 만드느냐는 자신의 요량이다. 많은 직장인들이 인간관계의 어려움이나 업무 스트레스 등의 이유로 퇴사를 희망한다. 단지 돈을 벌기 위해 아침마다 출근하는 그 발걸음이 얼마나 무거울지 상상이 된다. 나도 그런 적이 있었다. 아침에 출근을 하려고 하면 발목에 무거운 쇠사슬이 달려 있는 듯했다. 그 쇠사슬을 달고 한 걸음씩 발을 내딛는 출근길은 힘겨운 싸움이었다.

H기업에서 전화로 고객 상담을 할 때였다. 반말에 욕을 섞어가며 막말을 해대는 전화를 받으며, (당시에는 욕도 끝까지 듣고 있어야 했다) 책상 위에 놓여 있던 거울에 비친 내 모습을 보았다. 불쌍하고 초라해보였다. 일을 그만둬야 하나… 심각한 슬럼

프에 빠졌다. 하지만 그 일을 통해 계획하는 일이 있었기에 생각을 바꿨다. '사무실은 연극 무대고, 나는 배우다!'라고 상황을 설정했다. 그 후부터는 전화선 너머의 막말 때문에 내 감정을 다치는 일은 없었다. 욕하는 고객은 악역을 맡은 배우고, 나의 배역은 친절한 경청자였다. 연기는 갈수록 늘었다. '혹시 내가 연기 천재인가? 지금이라도 연극 무대에 서야 하나?'라는 생각까지 들었다. 친절한 부캐의 활약으로 그 일을 흥미롭게 지속할 수 있었다.

"셰익스피어는 이 세상은 무대요, 인간은 연극이라는 인생속에서 주어진 역할을 수행하는 배우라고 말했습니다. 자유인이 된 저는 행복한 연기를 해보고 싶습니다." 2016년 서울대학교 정년교수 퇴임식에서 변창구 영어영문학과 교수가 한 퇴임사이다. 그는 국내에서 알아주는 셰익스피어 권위자이다. 현재 그는 경희사이버대 총장으로 열정을 쏟고 있다.

그의 말처럼 우리는 이 세상이라는 넓은 무대에서 우리가 원하는 대로 연기할 수 있다. 인생의 변화를 위해서 힘겹게 본캐를 변화시킬 필요는 없다. 부캐의 활약이면 충분하다. 무뚝뚝한 본캐로 사십 년을 살았다면 다정한 남편, 친절한 상사의 부캐로 활약해볼 수도 있다. 거래처에서, 상사에게 또는 스치는 누군가에게 욕을 들어야 할 때도 부캐를 내밀어보자. 내 감정을 지키면서 상황을 대처하는 요령이 생긴다.

💬 수용의 말투

그건 제 스타일이 아니에요. ➡ 한번 그렇게 해볼게요.

저는 절대 못해요. ➡ 해본 적은 없지만 해보겠습니다. 좀 도와주십시오.

그건 안 될 것 같습니다. ➡ 방법을 찾아보겠습니다.

왜 나한테 그런 걸 바래. ➡ 내가 노력해볼게.

이벤트 기획사업 초창기에 일에 대한 의욕이 넘쳤다. 고객사의 담당자들이 아이디어를 내놓으면 더 좋은 아이디어로 상대방을 설득하려고 애를 썼다. 그렇게 했더니 두 번 다시 우리를 찾지 않았다. 일을 지속하려면 방법을 바꾸어야 했다. 고객사의 담당자들이 내놓는 아이디어에 일단 "네, 좋습니다. 방법을 찾아보겠습니다"라고 답했다. 이벤트 기획은 '상상을 현실로' 만드는 일이다. 때로는 도저히 현실이 될 수 없는 '상상'도 있다. 하지만 흔쾌히 수용했다. 그리고 방법을 찾기 위해 갖은 노력을 했다. 그렇게 했더니 함께 일하는 것이 즐겁고 성과도 좋았다.

수용하는 자세는 개인이든 기업이든 경쟁력이 될 수 있다. 자신의 말을 적극 수용하는 사람과 함께 일하면 편하고 즐겁다. 자신의 말을 거부하는 사람과 많은 시간을 보내고 싶은 사람은 없다. 수용의 말투는 많은 기회를 가져다주는데 가장 큰 것은 '성장의 기회'이다. 관계의 성장, 개인의 성장 그리고 조직의 성장이다.

●○○

나는 B기업에서 퇴사한 후 사람들 앞에서 연기하듯 말할 수 있게 되었다. 그 노력은 오롯이 혼자 해야 했다. 만약, 그 상사의 말을 수용했다면 그 상사만큼 좋은 스승은 없었을 것이다.(그는 쇼맨십 천재였다.) 주변을 둘러보자. 나를 괴롭히는 것 같은 사람이 알고보면 나의 부캐를 키워줄 의인일지도 모른다. "유튜브, 나는 못해요. 나는 그런 재능이 없어요!"라고 말하고 다니던 내가 일 년 전, 유튜브 채널을 운영해야 하는 상황이 되었다. 손발 오글거림은 견딜 만하고, 영상 분야의 일은 생각보다 더 재미있다. 현재 자신의 모습이 전부라는 생각을 하지 않기를 바란다. 새로운 나를 발견하는 재미를 포기하지 않기를 바란다. 어떤 상황에서도 대화를 잘 이끄는 호감 가는 부캐의 활약을 기대해봐도 좋다.

당신의 이름을
불러준다는 것

아시아를 제외한 대부분의 나라에 가장 많은 배의 품종인 '바틀릿배'는 '윌리엄배'라는 이름도 있다. 이 배를 발견한 영국의 윌리엄과 이 배를 미국으로 유통시킨 바틀릿이 각자 자신의 이름을 붙이면서 이름이 두 개가 되었다. 번화한 거리에 있는 건물을 훑어보면 ○○○병원, ○○○학원, ○○○헤어, ○○○음식점과 같이 누군가의 이름이 붙은 간판을 쉽게 볼 수 있다. 세계를 열광시킨 넷플릭스 드라마 〈오징어 게임〉에는 게임하다가 죽을 수도 있는 극한의 상황에서도 사람들끼리 통성명하는 장면이 나온다. 왜 그럴까?

철강왕 앤드류 카네기의 성공 비결은 사람을 다루는 능력이었다. 그는 열 살 무렵 사람들이 자신의 이름을 중시한다는 사실을 발견했다. 그에게 암토끼 한 마리가 생겼다. 곧이어 새끼 토끼가 많이 생겼는데 먹이가 부족했다. 그때 동네 친구들에게 토끼들을 먹일 풀을 가져오면 새끼 토끼들에게 그들의 이름을 붙여주겠다고 했고, 아이들은 부지런히 움직였다. (나도 당장 풀을 뜯으러 갈 것 같다. 토끼 신경원이라니!) 카네기는 그 경험을 평생 잊지 않았다. 사업에서도 늘 사람들의 그 심리를 활용했고 언제나 성공적이었다.

동서고금을 막론하고 모든 사람에게 가장 중요한 단어는 '자신의 이름'이다. 우리는 세상의 어떤 단어보다도 자신의 이름을 좋아하고, 자신의 이름에 자부심을 가지고 있다. 누군가 자신의 이름을 불러줄 때 마음이 열리고 자신의 이름이 빛날 때 행복하다.

우리는 사람들에게 좋은 인상을 남기고 싶어 하면서 그들의 이름을 기억하려는 노력을 기울이지 않는다. 늘 화제의 중심에 있는 SSG 랜더스의 추신수는 바쁜 일정을 소화하면서도 선수단과 구단 직원들의 이름 외우는 것에 소홀히 하지 않는다고 한다. 세계적인 유명인 중에는 요리사, 마트 직원, 주차 요원과 같이 아주 짧은 대화를 하는 사람들의 이름까지도 기억하고 불러 주는 사람들이 있다. 그들에게 이름을 외우는 특별한 재능이 있어서가 아니다. 그들은 상대방에게 예의와 존중을 표하고 친밀감을 형성하는 가장 빠르고 중요한 방법이 그것이라는 사실을 알기 때문이다.

나폴레옹 3세는 대화를 나누는 중에 이름을 몇 번씩 쓰면서 상대방의 외형적인 특징과 연결하기 위해 애썼다고 한다. 노력 없이 얻어지는 것은 없다. 노력 없이 얻어지는 사람도 없다. 낯선 사람이라도 이름을 부르면 마치 친구처럼 편해진다. 자연스럽게 더 친근하고 더 부드러운 말투를 쓰게 된다.

💬 **부동산에서 집을 소개 받은 후**

실장님, 오늘 수고 많으셨습니다.

➜ 000 실장님, 오늘 본 집들 중에서 좀 더 고민해보겠습니다. 수고 많으셨습니다.

💬 **식당에서 고기를 구워주는 직원에게**

잘 먹겠습니다. 감사합니다.

➜ 00 씨(00 님), 고기가 맛있게 구워졌네요. 감사합니다.

🗨 자동차 영업을 위해 만난 고객에게

고객님은 어떤 차가 더 마음에 드세요?

➡ ㅇㅇㅇ 고객님은 어떤 차가 더 마음에 드세요?

조직에서 구성원의 수가 증가할수록 성과에 대한 1인당 공헌도가 떨어지는 현상을 '링겔만 효과'라고 한다. 시너지 효과의 반대 개념이고, 사회적 태만과 통하는 개념이다.

1913년 프랑스의 농업전문 엔지니어인 링겔만은 줄다리기 실험을 통해 집단 구성원들의 공헌도 변화를 연구했다. 한 명씩 줄다리기를 할 때 힘을 측정하고, 그 다음에는 3명, 5명, 8명 순으로 사람의 수를 늘려가며 줄다리기를 하게 해서 개인의 힘을 측정했다. 한 명이 줄다리기를 할 때의 힘을 100퍼센트라고 한다면, 줄다리기를 함께 하는 사람의 수가 많아질수록 각 개인의 힘은 85퍼센트, 64퍼센트로 수치가 줄어들었다. 이 실험을 통해 조직에 속하는 개인은 자신의 힘을 최대한 발휘하지 않으며, 구성원의 수가 늘어날수록 그런 경향이 더 많다는 결론을 얻었다.

직장에는 '나 하나쯤이야…'라는 생각으로 자신의 역량을 최대한 발휘하지 않는 태만이 존재한다. 이를 해결하기 위해서는 개인의 성취도를 높여야 한다. 팀워크만 강조하기보다는 개인의 이름을 빛낼 수 있는 장치가 필요하다. 리더들은 구성원들의 이름을 기억하고 불러주면서 그들이 자긍심을 가질 수 있도록 해주어야 한다.

관계 중심의 사람이 있고, 일 중심의 사람이 있다. 나는 관계 중심의 사람이다. 학교 다닐 때에도 반에 친한 친구가 있거나 담임선생님이 나에게 관심을 가져주면 학교 생활이 즐거웠고 성적이 좋았다. 그런 내가, 직장에서는 '적당히 먼 거리'를 인간관계의 철칙으로 삼았다. 직장은 일을 하고 월급을 받는 곳이므로 일에만 집중하는 것이 옳다고 믿었다. 사람들과 어울리느라 해야 할 일을 미루는 사람을 보면 한심하게 보였다. 알고보니, 나 같은 사람이 '직장 내 아싸(아웃사이더)'였다.

직장에서 사람들과 관계를 잘 맺는 것은 중요한 능력이다. 이름에 친밀한 호칭이 더해지면 그 힘이 더 막강해진다. 형님, 동생 하며 사람들과의 친밀한 관계를 맺었던 그들은 서로 덕분에 승진과 이직을 반복하며 승승장구하고 있다. 누구나 자신이 편한 사람과 일하고 싶어 한다. 그 사람의 문제 해결 능력이 평타만 친다면 말이다.

B기업에 근무할 때 타 부서의 한 대리 때문에 우리 팀원들이 매일 울상이었다. 업무 협조 차 그녀를 찾아가면 차가운 말투로 펀치를 날렸다. 한번은 내가 케이크를 사 들고 그녀의 팀장을 찾아갔다. 그녀가 우리 팀원들에게 조금만 친절하게 대해주기를 부탁했지만 아무런 효과가 없었다. 그녀는 누구의 말도 듣지 않는 직장 내 마싸(마이사이더)였고, 일을 똑 부러지게 해서 누구도 그녀에게 큰 소리를 낼 수 없었다. 어느 날, 퇴근길 지하철에서 우연히 그녀를 만났다. 인사를 할지 말지 잠시 망설이다가 다가가 인사했다. 그녀는 반갑게 인사했고(그녀의 웃는 얼굴을 그때 처음 보았다) 우리는 가끔 퇴근길 친구가 되었다. 그녀는 나를 '과장님'이 아니라 '언니'라고 불렀고, 그녀의 팀에 더 이상의 업무 협조는 필요 없었다. 그녀는 늘 우리 팀을 먼저 챙겨주었다. 스스로 판 아싸의 무덤에 있던 나에게 선뜻 언니라고 불러준 그녀는 신이 내려준 동아줄이었다.

　　직장에서는 이제 갓 입사한 타부서 신입사원의 이름까지 외워서 부르자. 낯설고 어렵기만 한 직장 생활에서 한 줄기의 빛이 될 것이고, 존경과 감사를 가슴 깊이 장착하게 될 것이다. 그런 미덕이 쌓이면 일이 안 풀리고 힘든 어느 순간, 결정적인 협조의 손길이 와닿을 수도 있다.

친하게 지내고 싶은 동료나 상사에게 사심을 아낌없이 드러내고 적극적으로 다가가자. 친밀한 호칭이 오글거려도 용기 내어 불러보자. 5년, 10년 직장 생활을 하고도 주변에 남는 이가 없는 아싸보다는, 나를 밀어주고 끌어주는 사람을 남기는 인싸가 되는 것이 현명하다.

●○○

공부에는 관심도 없고 말썽만 일으키는 개구쟁이 아들을 둔 엄마가 있었다. 엄마는 새 학기가 되어 담임선생님에게 아무 때라도 생각나면 아이 이름을 한 번씩 불러달라고 부탁했다. 선생님은 이따금씩 그 아이의 이름을 불러주었다. 아이는 선생님이 언제 자신의 이름을 부를지 몰라서 선생님을 신경 쓰게 되었고 장난치는 행동도 점차 줄었다. 자신의 이름을 불러주며 관심을 보이는 선생님 덕분에 아이는 신이 났다. 그 해가 끝날 무렵 아이는 모범생이 되었다. 남편의 친구들은 나를 대부분 '제수씨'라고 부른다. 제수씨도 친밀한 호칭이다. 그런데, 한 친구가 나를 '경원 씨'라고 불렀다. 남편 친구들 중 내 이름을 정확하게 기억하는 유일한 사람이다. 남편의 멋진 친구들 중에서 가장 친절하고 매너 있는 친구를 꼽으라면 당연히 그 사람이다. 잊지 말자. 세상에서 가장 듣기 좋은 달콤한 말, 가장 가치 있는 말은 자기 자신의 이름이다.

낯선 사람과
대화의 물꼬 트기

    이십 대 초반, 메이크업 아티스트라는 직업에 호기심이 생겼다. 당시에 주목받기 시작하는 전문직 중 하나였다. 조언이 필요하던 내게 지인이 한 메이크업 아티스트를 소개해주었다. 압구정동에 있던 사무실에 가니 카리스마 충만한 그녀(지금은 그녀를 K-뷰티 리더라고 부른다)가 있었다. 이것저것 물어본 후 일어나려는데 그녀는 수북이 쌓인 이력서를 가리키면서 내 이력서도 놓고 가라고 했다. 사실 취업 이력서를 낼 생각까지는 없었기에, 이름과 연락처를 적은 간단한 이력서를 두고 왔다.

    며칠 후 그녀에게 연락이 왔고, 얼떨결에 인턴을 시작하게 되었다. 그런데 문제는 메이크업을 배우는 것이 아니었다. 바닷가

짠 내 폴폴 풍기는 풋내기였던 나는, 일을 가르쳐주는 선배들이나 메이크업을 받으러 오는 손님들에게 무슨 말을 어떻게 해야 할지 몰랐다. 한번은 기자들과 가까운 사람들을 초대한 파티가 열렸다. 그날, 나는 '꿔다놓은 보릿자루'가 되었다. 사람들 틈에서 설 곳을 못 찾고 이 구석 저 구석 다니다가 결심했다. '나는 역시 공부가 체질이야!'라고. 그곳에서의 2주가 그렇게 길고 지루할 수가 없었다. 원래의 자리로 돌아가 더 열심히 공부했다.

대화를 어떻게 시작해야 할지 몰라서 그 자리가 불편하게 느껴지는 경우가 종종 있다. 처음 보는 이성과 마주 앉아 있을 때, 파티나 모임에서, 직장에서 친하지 않은 동료나 상사와 함께 있을 때다. 대화를 자주 하는 사람과는 할 말이 끝이 없고, 낯선 사람과는 시작할 말이 없는 것이 우리 대화의 현실이다. 편하게 대화를 시작하기 위해서는 '대화의 기승전결'을 따르는 것이 좋다.

기 : 인사하고 안부를 묻는다.
승 : 공통으로 관심을 가질 만한 화제를 꺼낸다.
전 : 그 화제에 대해 서로 의견을 주고받는다.
결 : 마무리한다.

대화가 어려운 이유는 '기'의 단계에서 머뭇거리고, '승'의 단계에서 요령이 없기 때문이다. 그래서 서론 없이 본론으로 막 들어가기도 하는데, 상대방은 불편을 느끼면서 경계하게 된다. 남자가 소개팅 자리에서 만난 여자에게 호감이 갔다. 남자의 첫 마디가 "우리 사귈까요?"라고 한다면 여자의 반응은 어떨까? '아, 오늘도 망했다. 이상한 남자한테 딱 걸렸어.'라고 생각하며 물러날 것이다. 첫눈에 비호감이 되고 싶지 않다면 기와 승의 단계를 생략해서는 안 된다.

낯선 사람에게 편안하고 친근하게 다가가기 위해서는 '라포르의 기술' 필요하다. 라포르(lapport)는 마음이 서로 통하는 것이 느껴지는 관계를 말하는 심리학 용어다. 심리 치료나 심리 상담에도 많이 활용되지만 영업을 하는 사람들에게도 매우 중요하다. 서로 마음이 통하여 무슨 말을 해도 이해가 되면 강한 신뢰와 친밀의 관계가 형성된다. 오랜 친구나 가족 간에 볼 수 있는데, 낯선 사람과 대화할 때에도 라포르를 형성하면 오래 알고 지낸 사이처럼 마음이 쉽게 통한다.

대기업 기술개발팀의 이우주 과장은 휴게 공간에서 경영지원팀의 한 임원을 만났다. 대쪽 같은 성품으로 악명이 높은 그

임원과 회사 안에서 개인적으로 가까운 사람은 많지 않다. 이우주 과장은 그와 대화를 할지 재빨리 자리를 피할지 잠시 고민한 뒤 인사했다.

과장 : 안녕하세요. 강민수 이사님. 기술개발2팀의 이우주 과장입니다.

이사 : (사무적인 말투로) 네, 안녕하세요.

과장 : 여기서 뵈니 반갑습니다. 커피 드시러 오셨어요?

이사 : 네.

과장 : 요즘 날씨가 참 더워요. 사무실이 제일 시원하고 좋네요. 하하.

이사 : (별말 없이 커피가 다 내려지기를 기다린다)

과장 : 더워서 주말에 애들 데리고 어디 갈 데도 없네요. 이사님은 출근 안 하실 때는 어떻게 보내세요?

이사 : 음… 주말에 산에 자주 갑니다.

과장 : 아… 이사님, 산 좋아하세요? 저도 한때 산에 다닌 적 있습니다. 한 2년은 미친 듯이 다녔어요.

이사 : (그제서야 상대방의 얼굴을 보며) 아 그래요? 어디로 다녔어요?

이우주 과장은 인사와 함께 서로 공감할 수 있는 더운 날씨에 대한 이야기로 대화를 시작했다. 이어 더운 날씨로 인한 자신의 개인적인 고충을 이야기함으로써 상대방의 경계심을 누그러뜨렸다. 그리고 상대방에 대한 가벼운 질문으로 공통의 관심사를 찾게 되었다. 위의 대화에 이어서 강민수 이사가 가지고 있는 등산에 대한 정보나 경험담을 조금 더 듣고, 대화를 마무리할 때 "기회가 되면 산에 한 번 같이 가고 싶습니다."라고 관계를 지속할 수 있는 여지를 주면 더할 나위 없다.

대화 중에 늘 상대방과 공통의 관심사를 찾을 수 있는 것은 아니다. 그럴 때는 상대방의 관심사를 찾고 거기에 적극적으로 관심을 보이는 것이 좋다. 관심을 보이는 방법은 '리액션'이다. 리액션은 '다른 연기자의 대사나 행동에 대해 반사적으로 나오는 연기'에서 나온 말이다. 리액션을 하면서 상대방의 이야기를 잘 들으면 친밀감이 형성된다. 이성 간에는 상대방이 리액션만 잘해도 호감과 매력을 느끼기도 한다.

리액션은 상대방의 눈을 보면서 고개를 끄덕이고 "아, 그렇구나."라는 동의의 말을 하는 것이다. 만약 상대방의 말을 실제로 듣고 있지 않으면서 습관적으로 고개를 끄덕이는 '가짜 리액션'을 하면 오히려 나쁜 인상을 남긴다. 가식적이고 진실성이 없는 사람이라고 생각한다. 진짜 리액션일 때 호감을 살 수 있다.

삼십 대 초반, 지인이 자신들의 주변 사람들과 클럽에서 파티를 한다고 했다. 나도 초대하고 싶다고 해서 기꺼이 응했다. 막상 혼자 가려니 용기가 나지 않아서 친한 동생과 동행했다. 그날 우리는 '한 쌍의 보릿자루'가 되었다. 바의 한쪽 구석에서 서로 어울려 춤 추고 술 마시고 대화하는 사람들을 구경만 했다. 그렇게 재미없게 파티에 다녀온 후, 숨어 있던 열정만수르가 불쑥 나왔다. '이대로는 안 되겠어! 말문을 좀 터야겠어'라면서 말이다.

당시 싱글들을 위한 와인 파티가 유행이었다. 일정 참가비를 내면 와인을 무제한으로 마시면서 참석한 사람들과 어울릴 수 있는 파티였다. 그 파티에도 혼자 갈 엄두가 나지 않아 갈 때마다 누군가와 동행했고, 어김없이 한 구석에서 와인만 홀짝이다 돌아왔다. 그렇게 꿔다놓은 보릿자루의 무한도전은 막을 내렸다.

행사와 파티를 열다 보면 낯선 사람들이 대화하는 모습을 멀리서 볼 기회가 많다. 사람들과 어울리면서 그 시간을 잘 활용하는 사람들이 있는 반면, 사람들 가까이 가지 못하고 음식 주변을 맴돌다가 조용히 돌아가는 사람들도 있다. 파티나 모임을 즐기기 위해서는 두 가지가 준비되어야 한다. 대화를 시작할 '용기'와 대화에 끼어도 되는지 안 되는지 구분하는 '눈치'이다.

두세 명이 모여서 대화를 하고 있는데 몸과 발의 방향이 서로를 향해 있고, 서로에게 시선을 고정한 채로 대화에 집중하고 있다면 그 대화에는 들어가지 않는 것이 좋다. 반대로 함께 있지만 서로의 대화에 집중하지 않는 사람들이 있다. 팔짱을 끼거나 다리를 꼬고 있고, 몸이나 발의 방향 또는 시선이 다른 곳을 향하고 있다면 그 대화가 재미없다는 것이다. 그런 대화에는 끼어도 좋다. "안녕하세요. 저는 OOO이라고 합니다!"라고 미소 지으며 인사를 하고, 대화 중인 화제에 자연스럽게 동참하면 된다.

리액션을 잘하지 않아도 친밀감을 형성하는 방법이 두 가지 있다. 첫 번째는 상대방의 행동이나 말을 따라 하는 '미러링'이다. 상대방이 물을 마실 때 자신도 마시고, 상대방이 몸을 앞으로 살짝 기울이면 자신도 살짝 기울이면 된다. 만약 "저는 치아가 안 좋아서 치과에 자주 가는 편이에요."라고 상대방이 말하면 자신이 평소 '치아'라는 단어를 쓰지 않아도 "아, 저도 치아가 안 좋은 편이에요."라고 하면 된다. 일 관계의 사람을 만날 경우 상대방의 업무 용어를 쓰는 것이 좋다. 미러링은 무의식적으로 깊은 유대감을 느끼게 한다.

두 번째는 '스킨십'이다. 스킨십은 가까운 사람은 더 가깝게 해주고, 낯선 사람은 짧은 시간에 친밀감을 높이는 효과가 있다. 낯선 사람에게 부담을 주지 않는 스킨십은 악수하기와 팔꿈치 만지기이다. 조사에 따르면 사람은 자신과 악수하지 않은 사람보다 악수한 사람을 두 배 더 잘 기억하고, 악수를 하면 더 친절하고 설득력 있는 사람으로 느낀다고 한다.

최근에는 코로나19로 인해 비접촉식 인사법이 악수를 대신하고 있다. 서로 주먹을 부딪히는 주먹 인사를 하거나 머리 숙이거나 서로의 등을 두드려주기도 한다. 이제 막 데이트를 시작했거나 친해지고 싶은 동료나 상사가 있다면 대화를 하다가 손등을 살짝 스치거나 팔꿈치를 살짝 만지는 것으로 가까워질 수 있다.

💬 대화의 물꼬를 트고 친밀감을 형성하는 방법

1. 반갑게 인사하고 가볍게 안부를 묻는 것으로 대화를 시작한다.
2. 자신의 사적인 이야기나 가벼운 고민을 던지며 경계를 허문다.
3. 나도 할 말이 있는 공통의 관심사를 찾는다.

4. 내가 할 말이 없을 때는 리액션으로 화답한다.

5. 대화에 끼어도 되는지 안 되는지 구분하는 눈치를 장착한다.

6. 상대방의 말과 행동을 자연스럽게 따라 한다.

7. 악수, 주먹 인사, 손등이나 팔꿈치 만지기와 같은 가벼운 스킨십을 한다.

●○○

어릴 때 그림도 곧잘 그렸고 만들기 결과물도 좋은 편이었기에 손재주가 있는 줄 알았다. 하지만 메이크업과 헤어스타일을 직접 해보니 메이크업 아티스트의 길을 걷지 않은 것은 참 현명한 판단이었다고 느낀다. 지금도 낯선 자리에서 종종 꿰다놓은 보릿자루가 된다. 하지만 중요한 미팅이나 내가 반드시 나서야 하는 자리에서만큼은 시원하게 대화의 물꼬를 트기도 한다. 상대방의 경계를 허물기 위해서는 우선 내 마음의 경계부터 허물어야 한다. 어릴 때부터 잘 훈련되어 누구와도, 어떤 자리에서도 편하게 대화를 여는 사람도 있겠지만 그렇지 않은 사람이라 해도 상관없다. 연습하면 충분히 가능하다. 자신이 원하는 모습에 이를 때까지 포기하지만 않는다면 말이다.

위기 상황에는
위로하고, 격려하고, 응원하자!

     2020년 예고도 없이 찾아온 팬데믹이라는 큰 손님으로 인해, 세계는 역대급 혼란과 공포의 시기를 보내고 있다. 많은 사람들이 생명을 잃고 일자리를 잃고 취업의 기회를 잃고… 잃고, 잃고, 또 잃고… 그리고 몸과 마음의 병을 얻고 있다.

     오랜 준비 끝에 항공사에 입사한 승무원은 일을 시작한 지 일 년 만에 해고 통지를 받았다. 그녀의 동료들도 마찬가지였다. 생계가 막막해진 현실적인 문제와 미래에 대한 불안감으로 힘든 시간을 보내고 있는 그들에게 위로의 말들이 쏟아졌다. "괜찮아. 힘내!" 하지만 그들에게는 아무런 위로가 되지 않는다고 한다.

'괜찮다'는 말이 분명히 위로가 될 때가 있다. 내 인생의 첫 번째 시련은 대학입시 실패였다. 작은 도시의 작은 동네, 옆집 아들들은 왜 그리 명문대에 척척 붙는지. 그때 '서울대 싫어병'이 생겼다. 상대적으로 더 비참했다. 그때 부모님이 괜찮다고 말해줬으면 큰 위로가 되었을 것 같다. 대학 실패의 좌절감보다 부모님에게 미안함이 더 컸기 때문이다. 뭔가 열심히 하는데 힘이 부칠 때, 누군가에게 마음의 상처를 입었을 때, 의욕은 있는데 두려움이 클 때, 노력하는데 성과가 잘 안 나올 때, 그럴 때는 괜찮다는 말이 위로가 되고 힘이 된다.

우리 회사에 입사한 지 얼마 안 된 한 대리가 실수를 했다. 행사에 소요된 비용을 잘못 계산해서 고객사에 청구해야 될 비용 중 일부가 누락되었다. 이미 최종 비용을 확정한 상태였기에 "착오가 있었으니 돈 더 주세요."라고 할 수 없는 노릇이었다. 그녀는 눈물을 쏟으며 실수를 반성했다. 나는 앞으로 실수하지 않는 방법을 일러주며 괜찮다고 했다. 그 후 그녀는 더 이상 실수하지 않았고, 회사가 어려운 순간에도 신의를 지키는 고마운 사람이 되어주었다.

혈기왕성하던 팀장 시절, 팀원들의 보고서에 오타 하나만 발견되어도 비난과 질책이 난무하는 헬게이트가 열렸다. 마치 누군가의 오타를 잡기 위해 세상에 존재하는 사람처럼 말이다. 지금은 사소한 실수 앞에서는 너그러운 편이지만, 노력을 게을리하거나 부주의로 인해 실수가 반복될 때에는 내 안의 센 언니가 어김없이 출동한다.

도미노게임을 하다가 핀 하나를 잘못 건드리면 몇 개의 핀만 넘어지기도 하지만 전체를 다 무너뜨리기도 한다. 직장에서의 실수도 마찬가지다. 실수에 대해 민감해질 수밖에 없고, 실수를 반복하는 사람에 대해 삼진아웃과 같은 장치도 필요하다. 한편으로는 사람이기에 실수할 수 있다. 부하 직원이나 동료의 실수 앞에서 비난하고 질책하고 책임을 묻는 것보다 위로의 한마디가 그 사람을 더 성장시키는 계기가 될 수 있다.

주류업계 최초의 여성 영업팀장 유꽃비는 자신이 신입사원 시절 큰 실수를 했을 때 질책 한마디 없이 신속하게 해결해준 상사에 대한 고마움을 오래 가슴에 품고 있다고 한다. 자신이 팀장이 된 후에도 그런 상사가 되려고 애쓰게 되었다고 한다. 나 또한 십 년간 직장 생활을 하는 동안 사건과 사고의 중심에 서기도 했다. 그럴 때 나에게 "괜찮다.", "힘내라.", "열심히 해봐라!"라는 말을 해주는 누군가가 있었기에 다시 일어설 수 있었다.

위기의 상황은 누구에게나 올 수 있다. 위기의 상황에 주고받는 따뜻한 말 한마디는 관계를 더욱 돈독하게 만들어준다. 동료나 부하 또는 상사가 실수나 실패로 인해 위기를 맞으면 공감하고 돕고 위로의 말을 건네면서 힘을 주도록 하자.

🗨 공감하기

상대방의 입장을 헤아리며 공감한다.

🗨 도와주기

사안에 따라 직접 문제 해결에 도움을 주거나 자신의 경험과 노하우를 알려주어 스스로 해결 방법을 찾도록 한다.

🗨 위로의 말

"괜찮아.", "잘될 거야, 걱정 마.", "힘내, 살다보면 그런 날도 있는 거지."

회사는 직원들의 동기 부여를 위해 성과급, 포상 휴가, 교육 등 다양한 제도를 마련한다. 그런 제도가 직장 생활을 유지하는 데 동기 부여가 되는 것은 맞다. 그런데 긴장감과 불안감을 안고 매일 고군분투하는 직장인들에게 이것만으로는 충분하지 않다. 상사에게 목표와 성과에 쪼들리고, 동료와 능력을 비교당하고, 타 부서에서 치이며 보내는 하루하루는 참으로 고달프다. 겉으로 웃고 있어도 속으로 울고 있을 때, 누군가 해주는 격려의 말은 무엇보다 강한 동기 부여가 된다.

어려운 프로젝트를 준비하느라 진땀을 빼고 있을 때, 과도한 업무로 며칠째 야근을 하고 있을 때, 인간관계로 몹시 지쳐 있을 때 "정말 고생이 많다.", "너는 잘할 수 있어.", "힘내자, 화이팅!", "우리 팀에는 네가 꼭 필요하다."라는 격려의 말이야말로 큰 힘이 된다.

사실, 우리가 이것을 몰라서 못하는 것은 아니다. 나도 과거에 직장 생활을 잘하는 방법이나 인간관계에 대해 책으로 열공해본 사람이다. 글을 볼 때는 고개를 끄덕이며 "맞아, 맞아."라고 하지만 막상 현실에는 실천하기가 어려웠다. 팀원들에게 실무를 알려주느라 그런 말을 할 겨를이 없었고, 나도 일의 성과를 내고 인정을 받아야 했기에 마음의 여유가 없었다.

H기업에서 팀장으로 있을 때였다. 고객상담팀장은 정말 바쁘다. "윗사람 바꿔!"라는 클레임 고객을 응대해야 하고, 특이 건

들을 처리해야 하고, 팀원들의 상담 퀄리티도 관리해야 한다. 고객의 막말에 눈물을 펑펑 쏟는 팀원을 달래가며 쏟아지는 일들을 신속하게 처리해야 한다. 그러다보니 팀장의 말투는 친절할수 없었고, 팀원들이 실수라도 할라치면 이마는 삼지창을 그렸다. 자연스레 팀원들과 팀장 사이에는 긴장과 불편의 기운이 감돌았다.

그런데 유독 분위기가 좋은 팀이 있었다. 그 팀원들은 팀장을 불편하게 대하지 않았다. 그녀의 비결이 궁금해서 살펴보니, 그녀는 언제나 팀원들을 다독거리며 격려와 응원의 말을 아끼지 않았다. 그녀는 성과나 타인의 인정에 연연하지 않았지만 그녀의 팀은 좋은 성과를 냈고, 그녀는 항상 주변 사람들에게 인정받았다. 그리고 그녀의 태도는 늘 겸손했다.

위로, 격려, 응원의 말은 회사의 임원이나 대표자에게서 좀더 쉽게 들을 수 있다. 나 또한 사업을 하다보니 자연스럽게 할수 있게 되었다. 연륜과 경험, 그리고 자리가 그런 말을 하는 사람으로 만들 수도 있지만 분명한 것은 지긋한 나이나 연륜이 아니라도 충분히 할 수 있다는 것이다.

그런 말의 중심에는 겸손한 태도와 감사의 마음이 담겨 있다. 사람에 대해 넉넉함을 가지면 할 수 있는 말이다. 그런 태도와 마음의 그릇을 갑자기 갖추는 것은 어려울 수 있다. 그런 말을 먼저 해보는 것이 더 쉬울 수 있다. 말이 어색하다면 문자 메시지로 시작해보는 것도 좋다.

살다보면 해결되지 않는 문제를 껴안고 안개 속을 헤맬 때가 있다. 나는 그럴 때 그 분야의 전문가를 찾는다. 객관적으로, 이성적으로 내 문제를 해석하고 해결책을 제시해줄 사람을 찾는 것이다. 회사 일도 그렇고 육아와 같은 개인적인 문제도 마찬가지다. 컨설팅이나 코칭을 받으면 그들이 제시하는 구체적인 해결 방법도 도움이 되지만, 무엇보다 큰 도움이 되는 것은 그들이 해주는 따뜻한 위로, 격려, 응원의 말이다.

언젠가 한 성 소수자가 말했다. 성 소수자들은 자살율이 높고 짧은 생을 비참하고 외롭게 사는 경우가 많다고. 그럼에도 불구하고 행복하게 사는 사람들은 부모나 가족이 변함없이 자신을 사랑해주고 자신의 삶을 응원해주기 때문이라고 했다. 주변 사람들의 마음과 상황이 언제나 겉으로 드러나는 것은 아니다. 가족, 친구, 직장 동료 등 가까운 사람들에게 지금 당장, 따뜻한 말 한마디가 절실할 수 있다.

사업이 잘 안 되고 모든 상황이 안 좋을 때, 어떤 위로의 말도 위로가 되지 않을 때가 있었다. 그때 나를 일으켜준 것은 가수 이승철의 〈아마추어〉라는 노래였다.

> 아무도 가르쳐주지 않기에
> 모두가 처음 서보기 때문에
> 우리는 세상이란 무대에 선
> 모두 다 같은 아마추어야

마치 '너의 잘못이 아니야.'라고 말해주는 것 같았다. 우리 모두에게 오늘 하루는 처음 맞는 날이다. 실수도 할 수 있고, 실패도 할 수 있다. 새로운 하루를 시작하는 용기에, 씩씩하게 하루를 잘 보낸 자신과 주변 사람들에게 박수를 보내고 힘이 나는 말을 해주자. 우리는 어느 때보다 서로에게 위로와 응원의 말을 아끼지 않아야 하는 때를 살고 있다. 힘겨운 날을 보내고 있는 사람들에게 "너의 잘못이 아니야. 누가 뭐라고 해도 네가 가장 소중해."라고 말해주자.

● ○ ○

미국 예일대 역사상 가장 인기가 많은 로리 산토스는 '행복의 과학'을 가르치는 '행복 교수'이다. 그녀는 스트레스와 우울 감을 느끼는 사람에게 가장 필요한 것이 '재미'라고 했다. 우리 삶에 의도적으로 더 많은 재미를 주입해야 한다고 말한다. 혼자 조용한 성찰의 시간을 가지면 우울증을 치료할 수 있을 거라고 생각하지만 친구와 함께하는 것이 더 행복하다고 전한다. 피로감이 몰려오는 오후 세 시에 동료와의 짧은 수다로 스트레스를 날려버리는 것, 퇴근 후에 친구와 카페에 마주 앉아 별것도 아닌 이야기에 진심으로 박장대소하는 것, 주말에 소파와 혼연일체가 된 가족들이 TV를 보면서 공감의 웃음을 터뜨리는 것, 이것이 일상의 행복이다. 가까운 사람들과 재미있게 대화를 나누는 것은 고단한 삶의 윤활유이다.

PART 4

어떤 상황에서도 재미있게 대화하는
흥미로운 말투

대화의 골든타임을 지키는
잡담의 기술

#소개팅 상황

철수 : (환하게 미소 지으며) 안녕하세요. 처음 뵙겠습니다.

영희 : (살짝 미소 지으며) 네, 안녕하세요.

철수 : (주변을 둘러 보며) 토요일인데 카페가 참 조용하네요. 영희 씨는 이런 분위기 어떠세요?

영희 : 저는 사람 많고 시끄러운 카페보다 이렇게 조용한 곳이 좋아요.

철수 : (활짝 웃으며) 아, 저도 그래요. 주말에 가끔 혼자 카페에 가기도 하는데 동네에서 가장 조용한 곳을 찾아요. 커피 맛이 좀 덜하긴 해요.

영희 : (고개를 끄덕이며) 커피나 음료도 맛있고 테이블이 띄

엄띄엄 있는 곳 있잖아요. 그런 데가 제일 좋아요.

철수 : 아, 혹시 아는 데 있으면 추천 좀 해주세요.

영희 : (미소 지으며) 네, 좋아요.

#거래처 미팅 상황

이 과장 : (악수를 청하며) 안녕하십니까, 이힘찬입니다.

김 차장 : (악수를 하며) 반갑습니다, 김보람입니다.

이 과장 : 제가 약속시간보다 조금 일찍 도착했지요?

김 차장 : 괜찮습니다. 마침 앞의 일정이 좀 일찍 끝나서요. 차가 막히지 않았나요?

이 과장 : 아, 대중교통 이용했습니다. 차보다 시간 약속 지키기에는 더 좋아서요. 걸어오다 보니까 사무실 주변에 맛집으로 보이는 곳이 많더라고요. 점심 때나 퇴근하고 갈 만한 데가 많겠어요.

김 차장 : 네, 그렇죠. 저는 요즘 점심은 도시락 싸오고, 저녁 약속은 못하고 있습니다.

이 과장 : (놀라며) 아, 무슨 이유라도 있으세요?

김 차장 : (쑥스러운 듯) 아, 요즘 다이어트하느라 야채와 과일만 먹고 있습니다.

이 과장 : 저도 다이어트해야 하는데… 대단하시네요.

어떤 화제로 대화를 나눌지 걱정이 앞서는 경우가 있다. 처음 만나는 사람, 가끔 보지만 친하지 않은 사람, 자주 보지만 어려운 사람을 만날 때이다. 딱히 할 말이 없는 자리에서는 서로 부담 없이 말을 주고받을 수 있는 소재로 대화를 열어야 한다. 바로 '잡담'이다.

소개팅 상황에서는 남자가 '함께 있는 공간'에 대한 이야기를 시작했고, 그 소재로 인해 대화가 잘 통했다. 거래처 미팅 상황에서는 이힘찬 과장이 '주변 맛집'에 대한 이야기로 시작했는데 자연스레 다이어트로 이야기가 이어지고 있다. 함께 있는 장소나 주변의 맛집은 공감대를 형성하기 좋은 소재이다. 잡담은 특별한 지식이 필요하지 않고, 이야기꾼이 아니라도 할 말이 충분히 있는 소재가 좋다. 날씨, 스포츠, 연예와 같은 소재가 대체로 무난하다.

대화의 골든타임은 3분이다. 대화를 시작한 지 3분 안에 상대방이 경계를 풀어야 편안하고 자연스럽게 대화를 할 수 있다. 서로에게 유익한 시간을 보내고 대화의 목적도 달성하기 위해서는 잡담을 어떻게 하느냐는 중요하다. 잡담의 기술 8가지가 도움이 되기를 바란다.

기술 1. 대화의 목적보다 상대방에 대한 호기심과 관심이 먼저다

사람을 만날 때는 어떤 목적이 있다. 제안, 영업, 상담과 같은 일이 될 수도 있고, 소개팅이나 친목과 같은 개인적인 목적일 수도 있다. 대화의 목적을 생각하면 긴장되고 부자연스러워지기 마련이다. 대화의 목적보다 대화 자체를 즐기고, 상대방에 대한 호기심을 갖는 것이 좋다.

미국의 26대 대통령인 시어도어 루스벨트를 만나본 사람들은 그의 광범위한 지식에 매우 놀라워했다고 한다. 그는 누구를 만나든 '할 말'이 있었는데 그 이유가 자신이 만날 사람이 관심을 가질 만한 주제에 대해 밤을 새다시피 공부했다고 한다.

중요한 만남이 있을 때에는 만날 사람에 대해 사전 조사를 해서 대화의 소재를 준비하는 것이 좋다.

기술2. 종이신문을 보라

대화의 소재를 풍부하게 준비하고 싶다면 종이신문 보기를 추천한다. 인터넷으로 주요 뉴스만 보는 것보다 사회, 정치, 문화 전반에 걸친 다양한 정보와 트렌드에 대한 인사이트를 얻을 수 있다. 인터넷 기사에 달린 댓글을 보느라 시간을 허비하는 일도 없다.

토크 프로그램의 진행자 중에서 어떤 사람과 대화를 해도 술술 잘 이끌어가는 사람들이 있다. 그들은 매일 아침 몇 종류의 종이신문을 읽는 것에 시간을 할애한다. 대화의 소재가 풍부하면 이성에게도 매력적으로 보일 수 있다.

기술3. 사십 대가 넘으면 건강에 특히 관심이 많다

사십 대가 되니 건강했던 친구가 병을 얻기도 하고, 주변 어른들의 건강이 안 좋다는 소식도 종종 들린다. 나도 자연스레 건강에 더 관심을 갖게 된다. 보통 건강에 관심을 가지면 몸에 좋은 음식을 가려 먹고, 운동을 시작한다.

운동과 담을 쌓고 살았던 나도 틈틈이 동네를 걷고, 자전거를 탄다. 남편이 런닝머신을 들여올 때 쓸모없는 물건을 들인다고 말했는데 요즘은 내가 더 달린다. 최근 세대와 상관없이 골프를 즐기는 사람이 늘었고, 헬스 PT와 다양한 홈트를 시도하는 사람들이 많아졌다. 건강이나 운동에 대한 대화는 나이와 상관없이 누구와도 통하는 대화가 될 수 있다.

기술4. 자녀 이야기는 눈치껏 해라

부모가 되면 자녀 이야기를 할 때 할 말이 가장 많다. 그런데

이 소재에 대해서도 조심할 포인트가 있다. 가족 이야기는 친밀한 사이가 아니면 꺼리는 사람도 있고, 말하지 못할 가정사가 있을 수도 있다. 아들을 낳고 결혼 생활을 하던 한 남자는 몇 해 전 이혼을 했다. 이혼 후 아들과 함께 살지 않는데 그 사실을 모르는 사람들이 항상 아들에 대해 물어본다고 한다. 그때마다 둘러대느라 애를 먹는다고 한다.

최근에는 딩크족도 많고, 오십을 넘긴 싱글도 많다. 자녀를 원하지만 임신이 쉽게 되지 않는 사람들도 있다. 자신의 자녀 이야기가 상대방에게 그다지 흥미롭지 않을 수 있다. 자녀에 대한 이야기는 상대방이 먼저 이야기를 꺼낼 때 적극적으로 대화하는 것이 좋다.

기술5. 패알못은 패션 아이템에 대한 소재는 피해라

상대방의 소지품이나 의상은 대화의 좋은 소재이다. 그런데 괜히 말 꺼냈다가 형식적인 멘트를 날리는 가벼운 사람으로 보일 수 있다. 향수, 화장품, 의상 등 패션에 관한 아이템은 나도 할 말이 있거나 관심이 있는 경우에 언급하는 것이 대화를 주고받는 데에 효과적이다. 하지만 상대방의 패션에서 유독 힘을 준 아이템이 있다면 그냥 지나치는 것은 예의가 아니다. "와, 스카프가 정말 잘 어울리네요. 저는 스카프를 고르는 안목이 없나 봐요. 매번 실패해요."라며 '내가 보았노라'의 인증 멘트를 보내는 것이 좋다.

기술6. 자기 자랑은 엄마에게 하라

잡담으로 시작하는 것은 좋지만 잡담이 지나치게 길어지거나 혼자만 떠드는 잡담은 안 하느니만 못하다. 특히 잡담으로 하지 말아야 할 것은 자기 자랑이다. 자기 자랑이 늘어지는 것만큼 비호감은 없다. 잡담을 하면서 자신의 자랑거리가 꼭 들어가야 한다면 최대한 짧고 간단하게 말하는 것이 좋다. 자기 자랑에 인내심과 흥미를 가지는 사람은 이 세상에 단 한 사람, 자신의 엄마뿐이다.

기술7. 부정적인 이야기는 빨리 끝내라

잡담을 할 때 부정적인 이야기가 나올 때가 있다. 사회나 정치에 대한 이야기는 훈훈한 이야기보다는 누군가의 뒷담화가 될 수 있다. 부정적인 이야기를 하면서 잰 척하거나 자신의 권위를 높이려는 사람이 있다. 만약 상대방이 그런 말을 한다면 간단히 호응하고 자연스럽게 소재를 바꾸는 것이 좋다. "아, 그럴

수 있겠네요. 참, 그리고 오늘 복날인데 점심 때 삼계탕 드셨어
요?"라면서 방향을 돌려라.

기술8. 사적인 비밀을 공유하라

자신의 이야기 중에서 가벼운 걱정거리나 고민은 대화의 소
재로 좋다. 사적인 이야기는 경계를 허무는 데에 큰 도움이 된
다. 서로의 마음을 자연스럽게 열어 대화를 편안하게 할 수 있
다. 단, 상대에 따라 공감이 가능한 고민을 선택하는 것이 좋다.
워킹맘은 워킹맘을 만났을 때 그렇게 대화가 잘 통할 수가 없다.
오랜 친구처럼 말이다. "오늘 아침에는 좀 일찍 나오느라 애들 자
는 얼굴 보고 나오는데 마음이 짠하더라고요." 이런 말은 워킹맘
간에 무한 공감이 된다.

●○○

첫아이 임신하고 배가 점점 불러오니 높은 신발이 불편해졌
다. 백화점의 한 매장에서 구두를 살펴보고 있는데 매장 직원
이 다가왔다. "제가 임신을 했는데 편하게 신을 신발이 필요해
요. 스무살 때부터 7센치미터 굽 아래로 내려온 적이 없어요.
낮은 구두를 안 신어봐서 고르기가 어렵네요."라고 말했다. 그
는 "아, 임신하셨어요? 축하드립니다."라고 말하면서 자신에

게 커피 한 잔을 사주면 할인된 가격에 신발을 판매하겠다고 했다. 좀 의아했지만 그에게 커피를 사주었다. 알고보니 그와 그의 아내는 임신을 위해 십 년간 노력했는데 잘 안 되어 힘든 시간을 보내고 있다고 했다. 그에게 건넨 소소한 이야기로 인해 노세일 브랜드의 좋은 구두를 저렴하게 구입했고, 그에게 응원의 말도 해줄 수 있었다. 잡담은 대화를 흥미롭게 여는 좋은 방법이다. 상대방의 마음으로 향하는 레드카펫이 되기도 한다.

노잼인 사람과
재미있게 대화하는 방법

#소개팅 상황

철수 : (환하게 미소 지으며) 안녕하세요. 처음 뵙겠습니다.

미미 : (살짝 미소 지으며) 네, 안녕하세요.

철수 : (주변을 둘러 보며) 토요일인데 카페가 참 조용하네요. 미미 씨는 이런 분위기 어떠세요?

미미 : 괜찮아요.

철수 : 아, 괜찮다니 다행이네요. 어떤 음료 드시겠어요?

미미 : 아메리카노요.

철수 : 아, 아메리카노 즐기는 편이세요? 저도 늘 아메리카노 마십니다.

미미 : 네.

#거래처 미팅 상황

이 과장 : (악수를 청하며) 안녕하십니까, 이힘찬입니다.

배 차장 : (악수를 하며) 반갑습니다

이 과장 : 차장님, 제가 약속 시간보다 조금 일찍 도착했지요?

배 차장 : 네… 혹시 부탁드린 자료는 준비해 오셨어요?

이 과장 : 네, 여기 있습니다. 점심 식사는 하셨어요? 오다 보니 사무실 근처에 맛집이 많더라고요.

배 차장 : (자료를 훑어 보며) 네.

대화가 정말 안 통할 때가 있다. 단답식으로 대답하면서 대화의 흐름을 뚝뚝 끊거나 자기 말만 하는 사람과 대화를 할 때이다. 소개팅 상황에서 여자는 짧은 대답으로 대화에 마침표를 찍고 있다. 남자는 대화가 통하지 않아서 좌불안석이다. 거래처 미팅 상황에서 배 차장은 이힘찬 과장이 무슨 말을 하든 자기가 할 말만 하고 있다. 평소 붙임성 좋은 이힘찬 과장도 당황스럽다.

대화는 말을 주고받는 것이다. 공을 주거니 받거니 하는 것처럼 말이다. 자신이 대화의 소재를 찾아서 공을 던질 재능이 없다면 상대방이 주는 공을 야무지게 받아야 한다. 파티나 모임에서 대화가 안 통하면 그냥 자리를 피하면 되지만 소개팅이나 업무 미팅에서는 난감하다. 마주 앉은 상대방과 대화가 안 통할 때 출구를 찾는 나의 노하우 5가지이다.

1. 흥미의 주파수를 끝까지 놓지 않는다

내 말에 대답이나 호응을 하지 않고 자기 말만 하는 사람이 있다. 적절한 대답이나 호응하는 방법을 몰라서 그럴 가능성이 높다. 자기 말만 하는 것처럼 보이지만 사실 내 말도 듣고 있다. 나는 이런 경우 상대방이 흥미를 느낄 주파수를 계속 찾는다. 그의 말에 대답하면서 수시로 서로 경계를 허물 수 있는 가벼운 이야기를 던진다. 그러다보면 주파수가 딱 맞으면서 대화가 이어지는 순간이 있다. 그렇게 한 번 통하면 그 이후의 대화는 더 흥미롭게 할 수 있다.

2. 상대방의 타이밍을 기다린다

낯선 사람에게 쉽게 마음을 열고 말도 편하게 하는 사람이 있는 반면, 누구에게나 경계를 심하게 해서 틈을 잘 내주지 않는 사람도 있다. 이런 사람에게는 침묵과 인내로 시간을 좀 더 내어주어야 한다. 업무에 있어서도 침묵은 대화의 방법이다. 업무 미팅을 할 때 일에 대한 이야기가 모두 끝난 다음에서야 비로소 "멀리서 오셨는데 길은 안 막혔어요?"라며 미소를 보이는 사람도 있다. 사람마다 경계를 푸는 타이밍이 다르다. 그 타이밍을 기다리지 못하고 포기해버리면 대화가 잘 통할 수 있는 사람과의 그 기회를 놓칠 수 있다.

3. 대화의 분위기를 바꾼다

이십 대 때 소개팅으로 만난 남자가 있었다. 큰 키에, 남자다운 외모에, 똑똑하고 자상하고 나무랄 데가 없었다. 그런데 치명적인 약점이 있었다. 말수가 적었고 말을 해도 재미가 없었다. 한없이 무뚝뚝한 여자와 노잼인 남자, 환장의 커플이었다. 그를 만나면 정말 지루했다. 그런데 그와 영화를 보거나 게임을 하면 분위기가 달라졌다. 액티비티를 한 후에는 서로 할 말이 많았고, 그도 재미있는 사람이 되었다.

기본적으로 노잼이거나 무뚝뚝한 사람이 있다. 그런 사람과 제한된 장소에서 바른 자세로 마주 앉아 있으면 노잼의 끝을 보게 된다. 데이트라면 나란히 걸으며 대화를 하거나 함께 볼거리를 찾는 것이 좋고, 업무상 만남이라면 건물의 테라스나 사람들이 많이 오가는 곳에서 커피나 음료를 마시면서 대화를 하는 것도 좋다.

4. 상대방의 시선에서 키워드를 찾는다

서로 통하는 대화의 소재를 찾지 못한다면 상대방의 시선이나 몸짓에서 키워드를 찾을 수 있다. 만약 길거리의 비둘기에게 시선이 머물고 있다면 "예전에 저희 집 베란다에 비둘기가 알을 낳은 적 있어요."라며 이야기를 꺼낼 수 있다. 상대방의 취미가 골프라고 하는데 자신은 골프가 취미가 아니라면 관련된 경험을 나누는 것도 좋다. "아, 저는 스윙만 배우다가 말았어요. 얼마 전에, 가평에 있는 아난티 골프리조트에 갔었는데 정말 좋더라고요."라고 하면서 골프 장소를 소재로 삼을 수도 있다.

5. 상대의 기분을 살핀다

미팅이 있어서 가는 길에 아들이 고열이 나서 당장 응급실로 가야 한다는 연락을 받았다. 다행히 남편이 시간을 낼 수 있어서 아들을 데리고 병원으로 갔다. 워킹맘이라면 한 번쯤 경험해봤을 것이다. 당시 미팅을 하면서 잡담 같은 건 할 수 없었다. 필요한 이야기만 나눈 후 미팅을 끝내고 병원으로 갔다. 대화를 하기에 앞서 상대방이 대화하기에 좋은 컨디션인지 살피는 것은 매우 중요하다. 약간의 스트레스 상황이라면 즐겁게 대화하는 것이 오히려 도움이 될 수 있지만, 그렇지 않은 상황이라면 즐거운 대화는 불가능하다. 그런 분위기를 읽었다면 "혹시 급한 일 있으시면 다른 날 뵐까요?"라며 다음 약속을 잡는 것이 좋다.

중요한 대화일수록 상대방의 기분은 중요하다. 직장 내에서도 상사나 동료, 부하 직원의 기분을 살펴야 한다. 심적으로 힘든 상황인데 잡담을 건네며 친해지자고 한다면 그야말로 노잼인 사람이 된다.

우리가 재미있게 대화를 나누려는 이유는 상대방과 친해지기 위해서이다. 성향과 취향이 다른, 다양한 사람들과 친해지는 방법이 똑같을 수는 없다. 이 사람에게 통했던 방법이 저 사람에게는 안 통할 수도 있다. 가장 좋은 방법은 많은 대화의 경험을 해보는 것이다. 나의 말에 성의 없이 대답하고, 말이 잘 안 통한다고 해서 나에게 비호감이라고 단정 짓지 않아도 된다. 수줍거나 낯설고 긴장해서 그럴 수도 있다.

첫인상은 비호감이었지만 대화를 하다보면 호감으로 바뀔 수도 있다. 내가 상대방에 대해 호감의 끈은 놓지 않는다면 상대방도 그 끝자락에 있는 손을 놓지 않을 것이다.

●○○

남편이 좋아하는 대화 소재는 자동차, 요리, 주식이다. 안타깝게도 나는 그 소재에 대해 흥미도, 할 말도 없다. 남편이 그것들에 대해 이야기를 할 때 잘 들어주는 사람이 있으면 고맙게 생각된다. 남편과 나는 동시대를, 다른 지역과 환경에서 자랐다. 남편은 초등학교 2학년 때 영어공부를 시작했고, 나는 중학교 때 처음으로 영어를 만났다. 남편은 초등학교 3학년 때 컴퓨터 사 달라고 부모님께 조르다가 혼난 경험이 있다고 했고, 나는 초등학교 3학년 때 엄마 따라 뒷산에 쑥을 캐러 다녔다. 그렇게 다르게 성장한 우리가 깐도리라는 아이스크림을 즐겨 먹었고, 새우깡이 100원이었던 것을 기억하며, 신호등 사탕에 대해 이야기할 때만큼 즐거울 때가 없다.

직장인들은 직장 내에서 소통 시간이 부족하다고 하고, 가족 간에는 대화 시간이 부족하다고 한다. 대화는 습관이다. 스마트폰을 보는 습관 대신, 상대방에게 무관심한 습관 대신 상대방의 흥미와 나의 흥미가 합이 맞을 때의 짜릿함을 즐기는 습관을 가져보자.

사람들을 끝까지 주목하게 하는
대화의 구조

"안녕하세요. 이벤트 사업을 준비하고 있는 신경원입니다. 저는 두 번 다시 사업을 하지 않으려고 했습니다. 취업을 하고 싶은데 저에게 월급 주겠다는 회사가 없네요. 그래서 다시 사업을 준비하고 있습니다. 이벤트와 관련된 모든 콘텐츠를 제공하는 앱을 개발하려고 합니다."

나는 웃으며 서글픈 이야기를 쏟아냈고 사람들은 귀 기울여 들었다. 사업을 준비하면서 서울시에서 운영하는 예비창업자 교육에 참여했을 때였다. 그날은 투자지원 시뮬레이션 수업이 있었다. '어떻게 자신의 사업을 소개해야 투자자들의 관심을 얻을 것인가'에 대한 수업이었다. 한 사람씩 자신의 사업을 소개하고,

다른 수강생들은 투자자가 되어 한 표씩 던지는 방식이었다. 그날 나는 가장 많은 표를 받았다. 나의 사업 아이템이 정말 투자할 만한 가치가 있어서는 아니었다. 단지 내 이야기가 기억에 남고, 흥미로웠기 때문이다.

사람들 앞에서 자기소개를 해야 할 때가 있다. 자기소개는 간단명료해야 한다. 자신에 대해 많은 말을 한다고 해서 사람들이 다 기억하지 않는다. 강한 인상을 남기기 위해 말을 꾸미려고 하면 더 긴장하게 되고 불필요한 말을 하게 된다. 자신을 가장 잘 표현하는 단 한 줄이면 된다. 잘 간추려진 한 줄을 만드는 방법은 하고 싶은 말을 모두 쓴 후, 거기에서 불필요한 단어를 하나씩 제거하면 된다. 최후까지 생존하는 단어들이 나를 가장 잘 표현하는 말이 된다. 상황에 따라 자신의 소개도 달라질 것이다. 듣는 사람들이 가장 관심 있을 만한 것을 중심으로 말하고, 여러 가지 일을 하는 사람은 모든 것을 나열하기보다 대표적인 몇 개만 말하는 것이 좋다.

🗨️ 강연할 때

안녕하세요. 대화와 인간관계에 대해 연구하고 있는 신경원입니다.

🗨️ 사업 미팅에서

안녕하세요. 이벤트 기획을 총괄하고 있는 신경원입니다.

🗨️ 모임에서

안녕하세요. 사업하고, 책을 쓰고, 두 아이를 키우는 N잡러 신경원입니다.

기억에 남는 한 줄 소개에 이어서 좀 더 자세한 설명을 하면 된다. 강연이라면 오늘의 강연 주제, 사업 미팅에서는 회사 소개를 할 수 있고, 모임이라면 참석한 계기나 모임에서 얻고 싶은 것, 자신의 취향 등에 대해 말하면 된다. 예를 들어, 싱글들의 독서 모임에 갔다면 이렇게 할 수 있겠다.

"안녕하세요. 알랭 드 보통의 찐팬 김사랑입니다. 요즘은 나태주 시인의 신작을 보면서 많이 웃고 있어요. 책을 좋아해서 모임에 나왔습니다. 지금은 남자 친구도 없어서 시간이 참 많네요. 통하는 사람들과 좋은 이야기 많이 나누고 싶습니다."

자신의 근황과 책에 대한 취향, 모임에서 얻고 싶은 것을 말하면서 새로운 이성에게도 열려 있음을 표현했다. 자기소개를 잘하면 연애, 친구, 비즈니스 파트너 등 새로운 기회가 많이 열린다. 취업이나 이직을 위한 면접에서도 매우 중요하다. 이직을 위한 면접이라면 이렇게 말할 수 있을 것이다.

"안녕하세요. 마케팅 업무 5년차인 이성실입니다. 온라인과 오프라인 마케팅을 다양하게 담당했고, 제가 가장 두각을 드러냈던 일은 VIP 초청행사였습니다. 인플루언서와 기업의 대표님들을 모시는 행사도 척척 해냈습니다. 저의 강점은 그냥 성실이 아니라, 능동적인 성실함입니다. 이제 막 성장하는 스타트업 기업에서는 꼭 필요한 사람입니다."

한 문장 한 문장을 꼭꼭 눌러 담듯이 핵심을 담고, 생동감 있게 말하면 전달력이 좋다. '엘리베이터 스피치'라는 말이 있다. 엘리베이터를 타서 내릴 때까지 60초 이내의 짧은 시간에 상대방의 마음을 사로잡을 수 있어야 한다는 의미다. 할리우드 영화감독들 사이에서 비롯된 말이다. 짧은 시간에 말을 잘 전달하는 능력은 다양한 상황에서 강점이 된다. 평소에 기회가 있을 때마다 사람들 앞에서 자기소개를 해보는 것이 좋다. 중요한 만남을 앞두고 있다면 자신을 소개하는 문장을 글로 쓴 후, 시뮬레이션을 하면서 충분히 연습하는 것이 좋다. 자다가 찔러도 그 말이

나올 만큼 연습하면 어떤 긴장된 상황에서도 잘할 수 있다.

열심히 설명하는데 "도대체 핵심이 뭐야?"라는 생각이 들 정도로 내용이 전달되지 않을 때가 있다. 전체의 구조 없이 그냥 말하기 때문이다. 대표적인 구조는 서론, 본론, 결론의 3단계 화법과 기, 승, 전, 결의 4단계 화법이 있다. 기승전결은 문제를 제기하고(기), 이야기를 전개하고(승), 방향을 바꾸어 새로운 이야기를 하고(전), 내용을 마무리하는(결) 순서이다. 인사팀장이 인사팀의 인원 충원이 필요하다는 이야기를 상관에게 하는 상황을 예로 들어보자.

기 : 인사팀 인원 충원에 대해 말씀드리려고 합니다.

승 : 최근에 저희 팀원들 모두 야근과 주말 근무를 지속하고 있습니다. 3개월 전 도입한 열린 승진 평가제도와 조직 활성화 프로젝트로 인해 업무가 과다한 상황입니다. 이 두 가지를 지속적으로 하려면 현재의 인원으로는 어렵습니다.

전 : 인사팀은 임직원의 성장을 돕고 효율적인 인력 관리도 해야 합니다. 인사팀에서 과부하가 걸리면 전 팀에 영향을 미칩니다.

결 : 빠른 시일 안에 2명의 충원이 필요하니 검토해주시기 바랍니다.

사실이나 정보만 전달하는 것보다 이야기나 사례가 들어가면 관심을 더 집중시킬 수 있다. 스토리가 들어가는 형식의 구조로는 EOB 화법과 PREP 화법이 있다. EOB 화법은 사례를 제시하고(Example), 내용을 정리하고(Outline), 핵심 메시지(Benefit)로 마무리하는 방식이고, PREP 화법은 문제를 제기하고(Point), 이유와 근거를 제시하고(Reason), 사례를 들고(Example), 마지막으로 한 번 더 문제를 제기하는(Point) 방식이다.

P : 인사팀 인원 충원에 대해 말씀 드리려고 합니다.

R : 최근에 저희 팀원들 모두 야근과 주말 근무를 반복하고 있습니다. 3개월 전 도입한 열린 승진 평가제도와 조직 활성화 프로젝트로 인해 업무가 과다한 상황입니다. 이 두 가지를 지속하려면 현재의 인원으로는 어렵습니다.

E : 얼마 전에 인사팀 민들레 과장의 딸이 첫돌을 맞았습니다. 민 과장이 계속 야근하고 주말에도 일하느라 준비를 못해서 결국 돌잔치를 취소했습니다. 개인의 중요한 일까지 미루면서 처리해도 일이 지연되고 있습니다.

P : 인사팀은 임직원의 성장을 돕고, 효율적인 인력 관리도 해야 합니다. 인사팀에서 과부하가 걸리면 전 팀에 영향을 미칩니다. 빠른 시일 안에 2명의 충원이 필요하니 검토해 주시기 바랍니다.

4단계 화법을 예로 들었지만 말의 구조를 짜는 가장 쉬운 방법은 '서론, 본론, 결론'의 틀을 따르는 것이다. 기본 틀을 '도입 – 주요 내용 – 마무리'로 하고, 경험담이나 예화가 될 만한 좋은 사례가 있으면 적절한 위치에 넣으면 된다. 사람들을 끝까지 주목하게 만들기 위해서는 도입 부분에서 결론을 말하는 것이 좋다. 결론을 도입에서 말하는 것은 '두괄식 화법'이고, 결론을 마무리할 때 말하는 것은 '미괄식 화법'이다. 결론을 먼저 말하면 사람들이 끝까지 집중해서 듣게 된다. 핵심 메시지를 강조하고 싶다면 도입에서 먼저 말하고, 마무리할 때 한 번 더 말하는 방법도 좋다.

💬 사람들을 끝까지 주목하게 하는 방법

1. 자기소개의 시작은 '한 줄 문장'으로 한다.
2. 내가 하고 싶은 말이 아닌 '듣는 사람'이 관심을 가질 만한 내용을 말한다.
3. 하나의 문장에는 '하나의 메시지'만 담는다.
4. 간단명료하게 정돈된 '간결한 말투'로 표현한다.
5. 전체의 구조를 '도입 – 주요 내용 – 마무리'의 틀에 맞춘다.
6. '에피소드나 체험담'을 적절하게 활용한다.
7. '결론'을 먼저 말한다.

●○○

웨비나의 촬영 현장에 종종 참석한다. 발표자들의 자연스러운 스피치를 돕기 위해서이다. 웨비나는 발표자가 웹을 통해 청중의 얼굴을 보면서 진행하기도 하고, 발표자가 사전에 녹화해서 편집 후 송출하기도 한다. 후자의 경우, 발표자는 카메라 앞에서 혼자서 말을 해야 한다. 카메라를 향해 혼자 말하는 것은 정말 어색하고 불편하다. 그 불편한 상황 중에서도 가장 안타까운 순간이 있는데, 발표자가 자신이 하는 말에 집중을 못할 때다. 하나의 문장 안에 여러 메시지가 있고, 구구절절 설명이 많아서다. 그럴 때는 스크립트부터 다시 만들자고 말하고 싶다. 짧고 간단하게 자신이 하고 싶은 말을 표현한다는 것은 결코 쉬운 것이 아니다. 나조차 집중이 안되는데 누가 내 말에 끝까지 귀를 기울일까. 평소 사람들이 자신의 말을 지루해 하고 집중을 잘 못한다면 쉽고 간단한 문장을 글로 쓰고, 자연스럽게 말하는 연습을 충분히 해야 한다.

프로 질문러와
프로 답변러

아인슈타인은 미국 시사주간지 〈타임〉이 뽑은 20세기 가장 중요한 지성이다. 아인슈타인이 세상에 남긴 모든 업적은 '질문의 산물'이라고 해도 과언이 아니다. 그는 "만약 나에게 한 시간 동안 문제를 해결해야 한다면 55분 동안 핵심이 되는 질문을 찾고, 나머지 5분 안에 문제를 해결할 것이다."라고 말했다. 좋은 질문을 찾는 것이 우선되어야 하는 것은 대화에서도 마찬가지다.

대화는 대화를 시작하는 질문과 질문에 대한 답을 주고받는 과정이다. 질문이 잘못되면 대화가 자연스럽지 못하고 질문을 받은 사람은 불편을 느낀다. 질문이 적절하면 서로의 생각을 알게 되고 이해하게 되고 호감도가 올라간다. 질문을 잘하면 대화뿐 아니라 인생 전반에 영향을 미친다. 타인과의 관계에도 도움이 될 뿐 아니라 자신이 살아갈 방향에 대한 답도 쉽게 얻을 수 있다.

직장에는 세 부류의 직장 상사가 있다. 일방적으로 자신이 결론을 정해놓고 그 말을 따르도록 지시하는 '지시형 상사', 자신이 결론을 정하지 않고 질문하면서 부하직원이 스스로 답을 찾을 수 있도록 이끄는 '리드형 상사', 결론을 정해놓았으나 지시하지 않고 질문의 형식을 빌어 그 결론으로 유도하는 '답정너형 상사'가 있다. 이중 가장 꼴불견이 바로 '답정너형 상사'이다.

답정너(답은 정해져 있어. 너는 대답만 하면 돼)가 비호감 코드로 등록된 지도 꽤 오래 되었다. 상대방에게 질문을 하면서 자신에 대한 칭찬이나 인정의 말을 하게 만드는 사람들을 '답정너족'이라고 부른다. 더불어, 답정너족 퇴치법까지도 나와 있다. 질문은 상대방에 대한 관심의 표현이고, 대화를 흥미롭게 지속하기 위한 수단이다. 자기 자랑이나 인정의 도구가 아니며, 타인의 정신 건강에 해로운 언어 폭력이 되어서도 안 된다. 직장에서 상사와 부하라는 직위가 답정너에 악용되어서는 안 된다. 직장들에게 가장 환영받고 이 시대가 요구하는 리더는 단연코 '리드형 상사'

이다.

아이작 유의 책 〈질문 지능〉에서는 높은 수준의 질문을 하는 능력을 '질문 지능'이라고 했다. 그는 질문 지능을 높이는 효과적인 방법으로 'What If, Why, One thing, Why not'의 질문하는 습관을 강조했다. 리드형 상사가 되기 위해서는 이 4가지의 질문에 대해 주목해봐야 한다.

창의력을 극대화하는 What If 질문 :
만약 (무엇)하다면 어떻게 될까?

이벤트를 기획할 때는 상상력과 창의력이 필요하다. 기발한 아이디어를 내는 사람들은 먼저 이런 질문을 한다. "만약에 하늘에서 축하 메시지가 떨어지면 어떻게 될까요?", "만약에 우리가 파티 참석자 모두를 만족시킬 수 있다면 어떻게 될까요?" 이런 질문은 평소 생각지도 못한 아이디어를 쏟아내게 만든다. 미국의 유명한 작가 래리 브룩은 자신의 책을 비롯한 베스트셀러의 핵심이 'What If 질문'이라고 했다. 스티브 잡스는 전화, 인터넷, 아이팟을 사람들에게 보여주면서 "만약 이 세 가지 서로 다른 디바이스가 하나의 디바이스로 결합된다면 어떻게 될까요?"

라며 질문을 던졌고 아이폰은 탄생했다. 조직과 구성원들의 창의력을 높이기 위해서는 'What If 질문'을 던질 수 있어야 한다.

설득력을 극대화하는 Why 질문 :
'왜'를 분명히 하기

세계적인 수학자 김민형 교수는 아이가 "수학은 왜 공부하나요?"라고 물으면 인터넷에서 '수학을 왜 공부해야 하는가, 왜 공부할 필요가 없는가'를 검색하고 생각해보라고 한다고 했다. 세계 유명 CEO들은 'Why 질문'을 통해 설득력을 발휘한다. 연설을 하거나 회사를 경영할 때에도 '왜'라는 질문을 던지고, 그에 대한 답을 찾는다. '왜'를 분명히 하는 것은 가치, 비전, 목적을 찾게 만든다. 설득의 핵심은 '왜'라는 질문을 토대로 상대방의 마음을 여는 것이다. 조직의 리더는 자신과 구성원이 어떤 행동을 하기 이전에 다음과 같은 질문을 던지고, 답을 할 수 있어야 한다.

"왜 그 일을 하려고 합니까?"
"그 일을 하려는 바탕에는 어떤 믿음이 있습니까?"
"그 일의 목적은 무엇이며, 어떤 가치가 있습니까?"

생산성을 극대화하는 One thing 질문 :
가장 중요한 한 가지는 무엇인가?

한 기업의 VIP 초청행사를 준비했다. 고급스러운 장소에 다양한 프로그램과 최고급 음식을 준비해두었다. 행사 당일, 100명을 초대했는데 30명만 참석했다. 초대된 사람들에게 참석 일정을 리마인드하고, 참석 여부를 확인하는 과정이 미비했던 것이다.

일을 할 때 모든 것을 챙기느라 일의 효율이 떨어지는 경우가 있다. 이벤트도 마찬가지다. 준비해야 할 것이 많지만 아주 사소한 것까지 중요시하다 보면 준비가 더디고, 막상 가장 중요했던 것에 큰 구멍이 나기도 한다. 성공은 가장 중요한 한 가지를 잘했을 때 얻을 수 있는 성과이다. 사소한 것과 절대 놓치지 않아야 할 가장 중요한 것을 구분해야 한다. 늘 정신없이 분주하고 목표를 이루지 못하고 있다면 원씽의 질문을 해야 한다.

"주간 목표를 이루기 위해 오늘 할 수 있는 원씽은 무엇인가?"
"이번 프로젝트를 성공하기 위해 할 수 있는 원씽은 무엇인가?"
"인생의 목표를 이루기 위해 5년간 할 수 있는 원씽은 무엇인가?"

의지력을 극대화하는 Why not 질문 :
나라고 왜 안되겠는가?

스무 살 때 1종 운전면허를 땄다. 가족들은 겁 많은 내가 운전면허를 딴 것만으로도 놀라워했다. 진짜 차를 운전할 거라는 기대는 하지 않았다. 몇 년 후, 고등학교 때 친구들이 차를 사서 운전을 하고 다닌다는 소식을 들었다. '오, 나라고 못할까?'라는 생각이 들었다. 그리고 곧 바로 나도 오너드라이버가 되었다. 1908년 피겨스케이팅이 올림픽 정식 종목으로 채택된 이래, 여자 피겨스케이팅은 200점이라는 마의 벽이 있었다. 모든 선수들은 200점을 '꿈의 점수'라고 부르며 백 년 동안 그 벽을 넘지 못했다. 2009년 김연아가 국제빙상경기연맹(ISU) 세계피겨선수권대회에서 207.1점을 받아 우승하면서 그 벽을 무너뜨렸다. 그 후, 전 세계의 많은 선수들은 줄줄이 마의 벽을 넘어서는 기록을 세웠다. '그 사람도 했는데, 나라고 왜 안 되겠어?'라는 질문은 도전할 수 있는 용기를 준다. 사람들은 스스로 자신의 한계를 짓는데, 이 질문으로 그 한계를 극복할 수 있다. 직장에서도 마찬가지다. 한계가 없는 성장과 더 많은 도전을 이루기 위해서는 이 질문을 자신과 구성원들에게 할 수 있어야 한다.

이 4가지 질문의 습관으로 질문 지능을 높인 리더는 '듣는 귀'를 열어야 한다. 부하직원들이 주어진 질문에 대해 자유롭게 사고하고 의견을 말할 수 있도록 해주고 거기에 귀를 기울여야 한다. 질문이 길고 상세할수록 답변은 짧아지고, 질문이 단순할수록 답변은 길어진다. '누가, 언제, 어디서, 무엇을, 어떻게, 왜'가 들어간 간단한 질문을 통해 상대방의 생각을 충분히 들을 수 있는 답변을 기다려야 한다. '예, 아니오'로 대답이 끝날 수 있는 질문은 좋은 대화가 될 수 없다.

대한민국에서 나고 자란 우리는 질문을 잘하는 습관을 만들지 못했다. 질문의 질을 향상시키려면, 우선 질문을 많이 던져봐야 한다. 다른 사람들이 어떻게 질문하는지 주의 깊게 살펴보면서 훈련해야 한다. 직장에서 질문을 잘하는 사람은 흔치 않다. 회의를 이끌거나 회의에 참석했을 때 새로운 관점을 제시하는 질문을 던져보자. 프로 질문러는 곧 프로 일잘러이다.

상대방이 좋은 질문을 할 때만 대답을 잘한다면 좋은 대화의 기회가 적을 수 있다. 단답형의 답변을 요하거나 애매한 질문도 좋은 대화로 이어가는 프로 답변러가 되어보자. 불리한 상황을 유리하게 만들고, 싸늘한 공기를 훈훈하게 만들 수도 있다.

우문 상사 : 이번 달 목표는 달성을 못했네요?

우답 부하 : 네, 죄송합니다.

현답 부하 : 네, 이번 달은 조금 부족했습니다. 다음 달 목표는 충분히 달성 가능합니다. 현재 추세라면 150% 달성도 가능할 것으로 보입니다.

●○○

스티브 잡스는 아침마다 거울을 보면서 '만약 오늘이 생의 마지막 날이라고 해도 지금 하려는 그 일을 할 것인가?'라고 질문했다. 아니라는 답이 며칠 동안 이어지면 삶의 방식을 바꿔야 할 때라고 판단했다. 나에게 수시로 하는 나의 질문은 '요즘 행복해?'이다. 이어서 '왜 행복하지 않은지, 왜 행복한지'를 물어본다. 그러면 하루를 어떻게 살아야 할지, 삶의 우선 순위를 어떻게 정할지 한층 쉬워진다. 자신에게 질문을 잘 던지면 삶이 단순해질 수 있다. 후회 없는 하루를 위해 자신에게 어떤 질문을 할지 먼저 생각해보자.

스트레스를 해소시키는
유머러스한 말투

솔직히, 나는 누군가를 웃기는 재능이 없다. 분명히 유머였는데 내가 하면 다큐가 된다. 내 말에 깔깔거리며 웃어주는 사람은 친한 친구들과 나의 두 아이들뿐이다.

간혹 행사 진행을 맡는데 세미나나 강연 같은 자리는 부담이 없다. 하지만 파티나 레크리에이션처럼 흥이 나야 할 때 노잼인 나의 캐릭터가 많이 아쉽다. 한번은 반드시 분위기를 띄워야만 하는 자리에 섰다. 다른 선택지가 없었기에 그냥 망가졌다. 소리 지르고 오버 액션을 하니 사람들이 즐거워했다. 청중이었던, 평소 존경하던 원로 교수님은 재능과 끼가 있다며 극찬하셨다. 못 보일 꼴을 보인 것 같은 부끄러움은 오롯이 내 몫이었다.

재치 있는 말 한마디, 날것 그대로의 행동이나 표정 하나도 일상에서 유머가 된다. 유머는 상대방의 경계를 풀고 분위기를 즐겁게 한다. 유머 감각이 있는 사람에게는 자석처럼 사람들이 붙는다. 그런 사람이 만드는 유쾌한 공기 속에서 좋은 에너지를 얻고 스트레스를 풀기 때문이다. 직장에서는 반복되는 일상의 고단함을 한바탕 웃음으로 떨쳐버릴 수 있고, 마주 앉은 이성이 유머러스하게 대화를 이끌어갈 때 더 매력적으로 보이기도 한다.

유머에 관한 많은 에피소드를 남긴 에이브러햄 링컨은 위기의 상황에서도 당황하지 않고 탁월한 유머 감각을 발휘했다. 늘 링컨을 깎아내리려고 하는 스티븐 더글러스가 한 연설에서 "링컨, 당신은 두 얼굴을 가진 이중인격자요!"라고 말하자, 링컨은 이렇게 답했다. "내가 두 얼굴을 가지고 있다면 이렇게 중요한 날 왜 하필이면 못생긴 얼굴로 나왔겠소?"

링컨뿐 아니라 각계각층의 리더들은 유머로 자신을 공격하는 상대를 제압하거나 구성원들에게 리더십을 발휘한다. 직원을 채용할 때 유머 감각을 최우선으로 여기는 회사가 있다. 미국 4대 항공사 중 하나인 사우스웨스트 항공사이다. 인생은 짧고 진지한 것이기 때문에 인생에 대한 유머 감각이 있어야 하는 일을 재미있게 할 수 있다는 것이다. 사우스웨스트 항공사의 창업자이자 전 회장인 허브 켈러허는 '직원이 웃어야 고객도 웃는다'라는 생각으로 엘비스 프레슬리 복장을 하고 엘비스 흉내를 내기도 하고 토끼 옷을 입고 나타나 직원들에게 웃음을 주기도 했다. 이런 노력으로 업계 평균보다 낮은 연봉에도 불구하고 〈포춘〉이 선정한 '일하고 싶은 직장' 상위 10위에 줄곧 들기도 했다.

인터넷을 보다보면 원래의 기사나 방송보다 댓글이 더 흥미로울 때가 있다. 짧은 몇 줄에 담긴 통통 튀는 유머 감각은 놀라울 정도이다. 안타까운 것은 그 유머 감각이 대화에서 발휘되는 사람은 흔치 않다는 것이다.

경영학 잡지 〈하버드 비즈니스 리뷰〉에 실린 한 논문에 의하면 유머 감각이 있고 친화력이 높은 사람이 연봉도 높다는 조사가 있다. 제니퍼 에이커와 나오미 백도나스의 책 《유머의 마법》에 따르면 유머 감각이 있는 상사는 구성원들에게 23퍼센트 더 존경받고, 25퍼센트 더 함께 일하기 즐겁고, 17퍼센트 더 친근하다는 평을 받는다고 한다. 사람들은 유머가 가진 힘을 알지만 제대로 사용하는 방법을 모르고, 유머에 대한 오해와 지나친 욕심으로 낭패를 보기도 한다.

💬 그의 말풍선

그녀와 데이트를 했다. 그녀와 밥을 먹고, 커피를 마셨다. 그녀의 마음을 확실히 사로잡고 싶었다. 함께 있는 시간 내내 그녀를 웃게 만들기 위해 갖은 노력을 다했다. 평소 갈고 닦은 나의 개그 실력이 빛을 발하는 날이었다. 그녀가 정말 많이 웃었다. 야호! 성공이다. 다음 데이트도 물론 가능하겠지.

💬 그녀의 말풍선

그를 만났다. 밥도 먹고, 커피도 마셨다. 정말 시간이 얼마나 안 가던지…. 왜 그리 웃기려고 하는지, 웃어주느라 내 광대가 너무 애썼다. 토닥토닥. 제발 두 번 다시 연락 안 했으면 좋겠다.

흔히 볼 수 있는 동상이몽이다. 유머가 항상 단웃음만 짓게 하는 것은 아니다. 유머에 지나치게 욕심을 내면 웃음은 길을 잃는다. 정말 유머러스한 사람은 상대방을 웃기려고 애쓰지 않는다. 그저 상대방에게 관심을 가지고 상대방의 마음을 읽으려고 애쓴다. 박장대소만 유머가 아니다. 서로 마음이 통해서 짓게 되는 입가의 미소도 유머이다.

한 기업의 사내 행사에서 임직원들의 장기자랑이 열렸다. 사회자가 참가자들의 외모에 대한 비하 발언을 수시로 했다. 유머와 막말 사이의 줄타기를 보는 듯해서 내내 마음을 졸였다. 많은 사람들이 유머를 목적으로 상대방을 비하하고 공격하는 발언을 서슴지 않는다. 사람들이 웃지만 쓴웃음이다. 진짜 웃음을 짓게 하려면 상대를 예우하고 자신을 낮추어야 한다.

한마디만 해도 주변을 평정하는 재능꾼들이 있다. 그런 유머 감각이 마치 타고난 것처럼 보이기도 하지만 노력 없이 이루어지는 것은 없다. 유머 감각은 훈련하면 강화되는 근육과 같다. 관심과 관찰하는 습관, 반복하는 실행력으로 유머러스하게 대화를 이끌 수 있다. 일상에서 웃을 수 있는 소재를 찾고, 재미있는 말투를 계발하면서 자신만의 유니크한 유머 감각을 갖출 수 있다.

유머러스한 말투를 훈련하는 방법

1. 마음 열기

불편하고 어색한 사이에서 웃기려고 하는 것은 무리한 시도일 수 있다. 먼저 상대방에 대한 마음이 열려야 유머가 통한다. 또한 상대방의 말 한마디에도 마음을 열고 기분좋게 웃을 수 있어야 한다.

2. 웃겨야겠다는 욕심 버리기

유머에 대한 욕심을 가지는 순간, 어떤 말로도 웃길 수 없다. 유머는 목적이 아니라 대화를 이끄는 과정이다.

3. 먼저 웃지 않기

재미있는 이야기를 전달하는 것은 유머의 한 방법이다. 이때 먼저 웃지 않아야 한다. 깔깔거리며 "이 얘기 진짜 웃긴데…"라고 시작하는 것은 상대방에게 김빠진 콜라를 대접하는 꼴이 된다.

4. 실패도 감수하기

재미있자고 한 말인데 공기가 싸늘해질 수 있다. 마음에 여유를 가져야 한다. "아, 병맛 유머였네.", "아, 이게 아재 개그구나." 라며 자연스레 넘기자.

5. 비하, 비난, 비판 금지

외모나 나이 비하, 성차별, 누군가의 행동을 비난하고 깎아내리면서 웃기려고 하지 않아야 한다. 부정적인 말, 희생자가 있는 유머는 가치가 없다.

6. 유행어, 신조어 따라잡기

유행어와 신조어 사용에 대한 찬반 의견이 분분하다. MZ세대는 '편리해서, 재미있어서, 교제를 위해서' 유행어와 신조어를 사용한다고 한다. 과거 개그맨 김준현의 "고뤠?", 김미려의 "김기

사, 운전해. 어서!"와 같은 말을 따라했던 것처럼 변화하는 유행어, 신조어를 소통과 유머의 목적으로 활용하면 좋다.

대리 : 팀장님, 어떤 음료 드시겠어요?

팀장 : 오늘은 따아!(따뜻한 아메리카노)

대리 : 네! 오늘은 아아(아이스 아메리카노)가 아니네요.

7. 자신의 단점을 유머로 구사하기

소크라테스는 악처인 아내를 두고 사람들이 위로할 때마다 "선한 아내를 두면 행복한 남자가 되지만, 악처를 두면 위대한 철학자가 된다네!"라고 말했다. 자신의 단점은 유일무이한 유머의 소재가 될 수 있다. 우선 자신의 단점을 인정하는 마음의 공간을 넉넉하게 준비하자.

기업에서는 유머가 훌륭한 마케팅 전술이다. 유머러스하고 기발한 발상을 이용한 마케팅을 '미스치프 마케팅'이라고 한다. 대표적인 사례로 화장품 브랜드인 '에스티 로더'가 있다. 1960 년대, 브랜드 인지도가 낮았던 에스티 로더는 프랑스 유명 백화점에 입점하기 위해 갖은 방법을 썼는데 쉽지 않았다. 백화점 시연 시간에 맞춰 바닥에 향수를 뿌려서 백화점 방문 고객들의 관심을 끌었고, 성공적으로 그 백화점에 입점하게 되었다.

유머러스한 발상은 소비자들의 이목을 집중시킨다. 우리의 배달 문화에 날개를 달아준 '배달의 민족' 이야기를 빼놓을 수 없다. '치킨은 살 안쩌요-살은 내가 쩌요', '아빠 힘내세요 우리 고 있잖아요-사골국물' 등 배민 신춘문예 당선작들은 웃음과 더불어 치킨 주문 욕구를 자극시켰다. 신조어 마케팅의 성공 사례는 2019년에 출시한 '괄도네넴띤'이 있다. 한정판으로 출시한 1천만 개가 완판되고 '팔도비빔면 매운맛'으로 정식 출시했다.

미스치프 마케팅은 개인의 홍보에도 효과적이다. 스티븐 스필버그는 열일곱 살 때 유니버셜 스튜디오에 들어가 다양한 사람들과 대화하고, 빈 사무실에 자신의 명판을 만들어 달았다. 이런 기발한 발상으로 일찍이 할리우드의 영화감독이 되었다. 중부지방해양경찰청의 신정호 경사는 한 예능 프로그램에서 아내에게 "보영아, 사랑해."를 "사랑아, 보영해."라고 했다. '사랑아, OO해'는 크게 유행했고, 그는 십 년이 지나도 사람들이 기억하는 국민남편이 되었다.

구스타프 칼 융은 '유머는 오직 인간만이 가질 수 있는 신성한 능력이다.'라고 했다. 찰리 채플린은 '유머가 없다면 삶에는 온통 불가능한 일뿐일 것이다.'라고 했다. 센스 있는 멘트, 엉뚱한 발상, 셀프디스 등 자신이 할 수 있는 방법으로 주변 사람들과 유머를 나누기 바란다. 직장에서는 상사나 동료의 뒷담화를 소재로 하지 않는, 위트 있는 한마디나 신조어를 활용해서 세대 공감의 유머를 시도해보자.

●○○

친할머니는 딸만 셋을 낳았다고 엄마를 심하게 구박하셨다. 어릴 때 부모님과 함께 다니다보면 사람들이 "딸만 셋인가 보네요?"라고 자주 물었다. 아버지는 "딸 셋, 아들 셋이지요. 허허…"라는 유쾌한 대답으로 엄마의 구원투수가 되셨다. 내가 망가지며 진행했던 파티에 참석하신 원로 교수님은 평소 존경하던 분이었다. 대학원 입학 전에 은퇴하셔서 만날 기회가 없었는데 파티를 계기로 친분을 맺게 되었다. 늘 사람들을 웃게 만드는 아버지의 유머 감각을 따라가지는 못하지만, 극적인 순간에 유머의 힘을 발휘했던 경험은 나의 유머 감각을 한 뼘쯤 성장시켰을 것이다. 다시 생각해도 낯부끄러운 몸 개그였을지라도.

불편한 사람에게 통하는
런천 테크닉

　　스물아홉 살, 다니던 회사를 퇴사하고 영어어학연수를 준비할 때였다. 출국까지 시간 여유가 있어서 단기 계약직으로 근무했다. 일한 지 3개월 정도 되었을 때 회사에서 '경력직 특별채용'을 제안했다. 당시 인기였던 콘솔게임으로 유명한 일본 기업이었다. 영어나 일본어 회화가 안 되던 나에게는 쉽게 오지 않을 좋은 기회였다. 어학연수를 떠나느냐 그 기업에 남느냐 큰 고민이 되었다.

　　답을 찾지 못하던 중 그 회사의 한 여성 임원에게 조언을 구하고자 점심 식사를 같이 하고 싶다고 말했다. 오며 가며 인사 몇 번 했을 뿐인데 흔쾌히 응해주셨다. 이런저런 이야기 끝에 그녀는 외국에서 혼자 살아보지 못한 것이 후회된다고 했다. 만약 이십 대로 돌아간다면 외국에 살면서 다양한 문화를 경험해보고 싶다고 했다. 나는 계획대로 뉴질랜드로 떠났고, 그 선택이 옳았다는 생각은 지금까지 변함없다. 식사 자리 이전에 본 그녀는 차가운 인상이었다. 그녀에게 "이사님, 밥 좀 사주세요."라고 말하는 데에는 큰 용기가 필요했다. 식사하며 그녀와 주고받은 모든 대화가 기억나지 않지만, 자신의 삶을 진솔하게 나누어주던 따뜻함은 정확하게 기억난다.

불편한 사람에는 두 종류가 있다. 아직 친밀하지 않은 사람과 막말을 해서 불편하게 만드는 사람이다. 이런 사람들과 대화할 때는 더 큰 용기가 필요하다. 상대를 설득할 때 함께 식사를 하면 긍정적인 반응을 보인다는 '런천 테크닉(식사 대접 기법)'이 있다. 맛있는 음식을 먹으면서 의견을 나누다보면 마음이 열려 상대방 의견을 좀 더 쉽게 받아들이게 된다는 심리학 이론이다.

심리학자 그레고리 라즈란은 이와 관련한 실험을 했다. 사람들에게 정치에 대한 특정 주장을 들려주면서 한 그룹에는 음식을 제공했고, 다른 그룹에는 음식을 제공하지 않았다. 실험 결과, 음식을 먹은 그룹에서 정치 주장에 대해 더 호의적이었다. 또 다른 연구에서는 간단한 땅콩과 음료를 제공한 그룹과 아무것도 제공하지 않은 그룹에게 어떤 이론을 들려준 경우에도 같은 결과가 나왔다. 땅콩과 음료를 제공받은 그룹은 그 이론에 긍정적인 평가를 했다.

나는 한때 소개팅으로 처음 만난 남자와는 밥을 먹지 않았다. 낯가림이 심해서 낯선 사람과 밥을 먹고 나서 체하기 일쑤였다. 어느 날, 낯선 사람과 밥조차 안 먹으면 그 시간이 정말 지루하다는 것을 경험했다. 이후 소개팅할 때도 밥을 먹었다.

B기업에 근무할 때 나처럼 낯가림이 심한 상사가 있었다. 회사 내 비효율적인 업무 프로세스를 회사의 주요 임원인 그가 알아야 한다고 생각했다. 용기 내어 그에게 긴히 할 말이 있다고 했다. 그는 나를 이탈리안 음식점으로 초대했다. 친밀하지 않은 부하 직원의 거친 제안에도 불편한 기색 없이 귀를 기울였다. 낯가림이 심한 그가 나를 편하게 대하려는 노력이 눈에 보였다. 음식은 정말 맛있었고 그가 미식가라는 것도 알게 되었다. 그 이후 그에게 시시콜콜한 제안을 하지 않았다. 대신, 그의 초대가 있을 때 맛있는 음식을 경험하는 호사를 누렸고, 출장 갈 때마다 그에게 "거기는 맛집이 어디에요?"라는 질문으로 나의 맛집 인프

라를 넓혀나갔다.

직장에는 믿을 만한 훌륭한 멘토들이 있다. 다양한 경험과 지식, 정보가 가득한 보물상자들이 사무실 곳곳에 있다. 그 보물상자를 열어볼지 그저 상자의 겉모습을 멀리서 감상할지는 자신의 선택이다. 나는 직장 생활할 때 그 보물상자의 가치를 몰랐다. 직장이라는 울타리를 벗어나니 비로소 보였다.

회사의 윗사람들을 적극적으로 자신의 인맥으로 만들기 바란다. 그들과 친해지는 가장 좋은 방법은 함께 식사하는 것이다. 윗사람에게는 "언제 식사 한 번 하세요.", "제가 식사 대접할게요."보다는 밥을 사 달라고 하는 편이 낫다. 식사하면서 책에서 배울 수 없는 산 경험과 산 지식에 고개를 끄덕이면 된다. 다음에는 자신이 식사 대접을 하겠다고 하면서 관계를 이어나가도 좋다.

"맛있는 밥 사주세요."

"조언을 좀 구하고 싶은데 식사를 같이 할 수 있을까요?"

"다음에는 제가 식사 대접할게요."

통찰력 있는 사람이 되고 싶다면 경험이 많은 사람, 지위가 높은 사람, 한 분야를 깊이 연구한 사람과 자주 대화하는 것이 좋다. 그 과정을 하루하루 쌓아가는 사람과 그렇지 않은 사람이 가까운 훗날 각각 어떤 모습일지 생각해보라.

직장에서 불편한 두 번째 부류의 사람들, 비난, 무시와 같은 막말을 하며 사람을 불편하게 만드는 사람과도 런천 테크닉이 통할 것인가? 한 공간에 있는 것 자체가 불편한 사람과 함께 식사라니. '또라이 질량 보존의 법칙'이라는 말이 있다. 답정너 또라이를 피해 다른 팀으로 가면 분노조절장애 또라이가 있고, 어렵게 이직하면 지적질하는 또라이와 성차별하는 또라이가 쌍으로 있다. 주변에 또라이가 없다면 바로 자신이 또라이라는 유머가 있을 정도이다. 그러니 또라이를 피하려는 노력보다는 또라이를 대처하는 노하우를 쌓아나가는 것이 현명하다.

2019년 7월 16일부터 '직장 내 괴롭힘 금지법'이 시행되었다. 직장에서 지위나 관계상 우위를 이용해 타인에게 신체적, 정신적 고통을 주거나 근무 환경을 악화시키는 행위를 금지하는 법이다. 2017년 국가인권위원회 조사 결과에 의하면 직장 생활 경험이 있는 1,500명 중 73.7퍼센트가 직장 내 괴롭힘 피해 경험이 있다고 했다.

수위 높은 또라이 상사 때문에 직장 생활의 어려움을 호소하는 사례는 주변에서 쉽게 볼 수 있다. 수위 높은 막말에는 그

보다 더 높은 윗사람, 회사의 사칙, 법의 제도와 같이 제3자의 힘을 빌리는 것이 좋다. 직장 내 괴롭힘 금지법이 시행되기 이전에도 올바른 기업에서는 괴롭힘을 당하는 구성원을 보호해왔다. 보호받지 못하는 이유는 올바른 기업이 아니거나 내가 괴롭힘 당한다는 것을 드러내지 않아서다.

제3자의 힘까지 빌릴 것은 없지만 몹시 불편한 경우가 있다. 이런 때는 유머러스하게 넘기는 방법, 사이다 말투로 시원하게 되돌려주는 방법, 정중하고 예의 바르게 시정을 요구하는 방법, 런천 테크닉으로 내 편으로 만드는 방법이 있다.

💬 빈정거리는 말투에는 가벼운 유머로

상사 : 은행 다녀온다고? 근무 시간에 개인 볼일이나 보러 다니시고… 참 좋겠다.

부하 : 아, 그러게요. 은행은 왜 야간 운행을 안 하는 거예요. 은행 가서 돈쭐 좀 내주고 오겠습니다!

💬 지적질에는 사이다 말투를

상사 : 출근할 때 외모 좀 신경 써라. 옷이 그게 뭐야?

부하 : 보기 싫으시면 선글라스 쓰고 다니세요.

💬 비난과 무시하는 말에는 정중하게 요구를

상사 : 도대체 아이큐가 얼마야? 왜 말을 이해를 못해! 제안서가 왜 이래?

부하 : 어떤 부분이 문제인지 구체적으로 말씀해주세요. 막말은 삼가해주세요. 팀장님을 계속 존경하고 싶습니다.

💬 자기 과시를 좋아하는 꼰대에게는 런천 테크닉으로

상사 : 내가 회사에서 어느 정도 위치인지 아직 모르나 본데… 나 때는 말이야!

부하 : 아, 제가 아직 모르는 게 많습니다. 오늘 점심 약속 있으세요? 새로 생긴 한정식 식당이 핫하던데요. 오늘은 제가 모시겠습니다!

막말을 듣고 가만히 있으면 그렇게 취급해도 되는 사람, 즉 호구가 되어 계속 그런 말을 듣게 된다. 태도를 분명히 해야 한다. 막말러 때문에 스트레스를 받으면 자신만 손해다. 막말이 자신에게 도착하기 전에 먼지 털듯이 탈탈 털어버려야 한다.

모든 막말러를 적으로 만들 필요도 없다. 무시당할까봐 두렵고, 인정 욕구가 강하고, 깊은 상처로 인한 방어기제로 막말이라는 칼과 방패를 드는 것이다. 그런 막말을 하는 상사와 친해져서 내 편으로 만들면 어려운 순간 큰 힘이 되어줄 수 있다.

●○○

막말러나 또라이의 말투가 자신에게도 있다는 것을 간과하지 않아야 한다. 누구나 마찬가지이다. 다른 누군가에게는 자신이 꼰대고 또라이일 수 있다. 자신의 눈에 또라이로 보이는 사람이 많으면 자신을 또라이로 보는 사람도 많다. 부부가 서로를 긍휼하게 여기면 싸우지 않고 서로 이해하며 잘 살 수 있다. 긍휼의 사전적 의미는 '불쌍히 여겨 돌보아주다'이다. 직장에서 꼰대 상사나 막말하는 상사도 긍휼히 여기자. 바이러스를 완벽하게 통제할 수 없기에 공존의 방법을 찾는 것처럼, 그들을 완벽하게 피할 수 없다면 공존하는 방법을 잘 훈련하는 편이 낫다. 위드 꼰대! 위드 막말러!

● ○ ○

2002년 월드컵이 한국에서 열릴 때 나는 파리, 이탈리아, 스페인을 여행하고 있었다. 붉은 응원의 물결을 보면서 난생 처음 내 나라에 대한 그리움 같은 낯설지만 특별한 감정을 느꼈다. 그로부터 몇 년 후, 공항에서 출국심사를 받기 위해 줄을 서 있었다. 별 생각 없이 여권을 뒤적이다가 평소 무심코 넘겼던 한 문장을 발견했다.

"대한민국 국민인 이 여권소지인이 아무 지장 없이 통행할 수 있도록 하여 주시고 필요한 모든 편의 및 보호를 베풀어 주실 것을 관계자 여러분께 요청합니다."

그 문장을 보는 순간 나도 모르게 가슴이 벅차올랐다. 내 나라, 대한민국에 대한 신뢰감이 생겼다. 나라가 어수선할 때, 실망하는 일들이 쏟아질 때 한 번씩 여권을 열어 그 문장을 읽어본다. 말은 참 신비롭다. 말 한마디에 깊은 신뢰가 생기기도 하고, 돌이킬 수 없는 불신의 벽이 생기기도 하니까.

PART 5

애쓰지 않고 원하는 것을 얻는
신뢰의 말투

분노에도 동참하는
공감 능력

　나에게는 네 명의 이모가 있었다.(지금은 두 명이다) 셋째 이모는 이모들 중에서 말투가 가장 친절하고 다정다감했다. 어릴 적, 평소 말투가 예쁘던 이모가 갑자기 돌변하는 모습을 본 적이 있다. 이모부가 운전하는 차를 타고 있었는데 어떤 차를 향해 이모부가 화를 냈다. 그 순간 이모는 그 차를 향해 시원하게 욕을 퍼부었다. 나의 엄마는 평소 이모처럼 예쁜 말투는 아니었지만 욕하는 것을 본 적이 없었기에 그 모습이 꽤나 충격이었다. 그 이후로도 이모부가 뭔가에 버럭하고 화를 내면 이모는 어김없이 같이 버럭해주었다. 그 모습이 '공감'과 연관되어 있다는 것을 알기까지 오랜 세월과 인간관계에 대한 많은 공부가 필요했다.

거울을 들고 주변의 누군가의 얼굴을 비춰보자. 거울에는 무엇이 보이고 어떻게 느껴지는가? 거울에 비치는 상대방의 감정을 자신이 그대로 느끼는 것이 공감이다. 공감은 우리 뇌가 다른 사람의 표정이나 행동을 보고 감정을 읽으면서 시작된다. 뇌에 있는 '거울 신경'의 작용 때문이다.

거울 신경은 1996년 이탈리아 파르마대학의 자코모 리촐라티 교수가 발견했다. 원숭이가 손으로 땅콩을 잡을 때 활성화되는 세포가, 다른 원숭이가 동일한 행동하는 것을 볼 때에도 활성화되었다. 거울 신경은 '보는 대로 따라 하는 신경'이라고도 한다. 사랑에 빠진 연인이 마주 앉아 있을 때 한 사람이 몸을 앞으로 기울이면 나머지 한 사람도 자신도 모르게 그 몸짓을 따라 하고, 갓난 아기가 엄마의 미소를 그대로 닮고, 부부가 세월이 흐를수록 서로 닮아가는 이유가 바로 그것이다. 공감 능력은 자신의 거울 신경이 무엇을 보느냐에 따라 좌우된다.

둘째 아이 임신 5개월 즈음, 우리 가족은 서울의 한 호텔에서 연휴를 보냈다. 그 호텔의 멤버십이었기 때문에 저녁 식사를 하러 멤버십 라운지에 갔다. 평소와 다르게 사람이 너무 많았다. 호텔에서 숙박과 멤버십 라운지 이용권을 묶어서 연휴패키지상품으로 판매한 것이다. 멤버십 라운지는 이용 시간 제한이 없고 주류도 제공되기 때문에 언제쯤 식사를 할 수 있을지 가늠하기가 어려웠다. 호텔 직원들에게 언성을 높이며 항의하는 사람들도 많았다. 기다리는 시간이 길어지면서 한 직원에게 말을 걸었다.

"아, 저기… 저희는 멤버십이에요. 이런 적이 없어서…"

"정말 죄송합니다."

짧은 한마디에도 그녀의 표정은 이미 무너져 있었다.

"저도 서비스 관련된 일을 하는 사람이라 충분히 대비를 하셨을 거라고 생각이 되는데… 그래도 좀 상황이 안 좋네요. 직원 분들이 너무 고생이 많으세요."

그리고 말을 이으려고 하는데 갑자기 그녀가 눈물을 쏟았다. 당황스러웠다. 고운 인상에, 연륜이 느껴지는 모습이었기에 그런 반응은 뜻밖이었다.

"불편을 드려서 정말 죄송합니다. 충분히 준비한다고 했는데 이렇게 되었습니다. 이 일을 십 년 넘게 하고 있는데 이런 상황은 처음이라 정말 당황스럽습니다."

알고보니 그녀는 멤버십 라운지의 총괄 매니저였다. 눈물을 흘리면서도 친절하게 말하려고 애쓰는 모습이 너무 안타까웠다.

"아, 괜찮습니다. 다름이 아니라 아이가 배가 많이 고플 것 같아요. 그리고 제가 임산부라서 배고픈 걸 참기가 좀 어려워요. 밖에 나가서 밥을 사 먹어야 하나 계속 기다려야 하나 판단이 안 되어서요."

"네, 좀 늦어도 괜찮으시면 조금만 더 기다려주세요. 식사는 꼭 하실 수 있도록 하겠습니다."

"아, 그러면 아들이랑 제가 우유라도 마실 수 있을까요?"

"네, 우유는 곧 준비해드릴게요. 정말 죄송합니다."

아들과 나는 우유를 마셨고, 늦은 저녁식사를 했다.

식사 후 1층 로비에 가니 빵집이 있었다. 우리가 먹을 빵을 사면서 조금 더 사서 멤버십 라운지 직원들에게 갖다 주었다. 힘겨운 하루를 보낸 그들에게 '괜찮다'는 격려의 마음을 전하고 싶었다.

나는 충분히 비용을 지불하고도 서비스를 제대로 못 받을 때 인내심이나 고상함 같은 것은 뒷전에 둔다. 어쩌면 나도 언성을 높이며 항의하는 무리 중 한 명이 될 수도 있었다. 그런데 그

때는 그럴 수 없었다. 내가 일을 할 때 사람들 앞에서 심장이 타들어가던 순간들이 생각났다. "직원 분들이 너무 고생이 많으세요."라는 말은 진심이었다.

조 바이든의 탁월한 공감 능력은 대통령 당선에 크게 기여했다. 그는 어릴 때부터 말더듬 증세로 인해 친구들의 놀림을 받았던 경험과 교통사고로 전 부인과 딸을, 병으로 아들을 잃은 경험으로 다른 사람의 고통을 헤아리는 사람이 되었다. 누구나 자신이 겪은 것에 대해서는 좀 더 공감할 수 있다. 하지만 모든 사람이 자신의 경험을 타인에 대한 공감으로 연결하지는 못한다. 그래서 공감을 잘하는 사람을 주변에서 쉽게 찾을 수 없고, 공감 능력이 뛰어난 리더는 어디에서나 존경 받고 환영받는다.

내가 임신, 출산, 육아의 과정을 겪어보니 과거에 동료나 부하 직원들이 그런 상황일 때 충분히 배려해주지 못한 것이 못내 미안했다. 그 과정에 있던 친언니를 한 집에서 수년 간 지켜보면서도 그 세상에 대한 이해가 턱없이 부족했다. 내가 팀장이 되고 임원이 되어보니, 이전에는 그 자리의 사람들을 충분히 이해하지 못했다는 것을 알게 되었다. 옆에서 보는 것으로 충분히 안다고 생각해선 안 된다. 그렇다고 모든 경험을 직접

할 수도 없다. 어떻게 하면 상대방을 충분히 이해하고 공감할
수 있을까?

가장 좋은 방법은 사람들과 깊은 대화를 자주 나누는 것이
다. 대화를 나눌 때는 자신의 생각을 비우고 상대방의 말에 귀
를 기울여야 한다. 자신의 거울 신경은 온전히 상대방을 바라보
아야 한다.

지인인 한 치유상담 전문가는 드라마를 보면 내담자에 대
한 감정을 이해하는 데 도움이 많이 된다고 한다. 책과 영화를
통해 간접 경험을 쌓는 것도 좋다. 이야기 속에 등장하는 사람
들의 상황과 그들이 느끼는 감정을 그대로 느낄 수 있도록 감정
이입을 하면서 보아야 한다. 드라마나 영화배우가 캐릭터의 감
정에 몰입할 때 보는 사람들은 그 배우가 원래 그런 사람인가
하는 착각까지 하게 된다. 배우가 맡은 역할의 캐릭터를 공부하
고 그 감정을 이해하려고 노력하듯이, 다른 사람에 대해 이해하
려고 노력할 때 공감 능력은 자연스레 쌓이게 된다.

공감 능력이 부족한 사람과 오래 가까운 관계를 유지하면
자존감이 낮아지고 감정이 불안정해진다. 공감 능력이 부족한
사람은 자신이 주변 사람들에게 정신적으로 피해를 입혔다는
사실조차 알지 못한다. 부모, 아내나 남편, 직장 상사가 공감 능

력이 부족하다는 것은 불행이다. 직장 생활이 너무 힘들다는 딸에게 부모는 어떻게 대답을 해야 할까?

🗨 비공감의 말투

"누구 직장 생활 안 해본 사람 있어? 뭐 혼자 그리 난리야!"

"그냥 참아. 직장이 다 그렇지."

"돈 벌기가 쉬운 줄 알아? 그냥 좋게 넘어가."

🗨 공감의 말투

"그래, 많이 힘들지? 우리 딸 고생한다."

"그래, 힘들었구나. 어떻게 하고 싶어?"

"그랬구나. 내가 미처 못 알아채서 미안하다. 우리 딸이 힘들다니 마음이 아프네."

직장 생활을 하면서 부모님과 함께 살던 때가 잠시 있었다. 퇴근 후 지친 몸으로 집에 돌아와서 부모님과 이런 저런 이야기를 했다. 상사 욕도 하고, 내가 잘한 일에 대해 한껏 자랑도 했다. 온전히 내 말을 귀 기울여 들으시고, 진심으로 내 입장에 서주시던 부모님 덕분에 하루의 피곤이 풀렸다. 가까운 사람이 해주는 공감의 말 한마디에서 힘겨운 하루를 버틸 힘도 얻고, 내일을 살아갈 용기도 얻는다.

자기 자신에게 애착하는 것, 자기애의 정신분석학적 용어가 '나르시시즘'이다. 자신이 뛰어나다고 믿거나 자기 중심적 성격 또는 행동을 말한다. 사회학자인 찰스 더버는 '대화 나르시시즘'에 대해 말했다. 대화 속에서 끊임없이 자신을 주인공으로 만들려고 하는 것이다. 공감의 말투에 대한 흔한 실수는 대화의 주체를 상대방에서 자신으로 바꿀 때다. 이런 대화는 상대방을 허무하게 만든다. 친구들의 대화이다.

🗨 비공감의 말투

친구1 : 나 요즘 너무 힘들어.

친구2 : 나도⋯ 요즘 우리 팀장이 왜 이렇게 잔소리를 하는지⋯

친구1 : 여행이라도 좀 가야겠어.

친구2 : 나도 여행 가고 싶다. 치앙마이 정말 힐링되고 좋았는데⋯

🗨 공감의 말투

친구1 : 나 요즘 너무 힘들어.

친구2 : 왜 무슨 일 있어?

친구1 : 남자 친구랑 너무 안 맞아서 고민이 많아.

친구2 : 아, 그랬구나. 힘들겠네.

친구1 : 여행이라도 좀 가야겠어.

친구2 : 여행 괜찮다. 어디로 가고 싶어?

'비공감의 말투'에서 친구2는 친구1의 말을 받아서 자신의 이야기로 이어나간다. '공감의 말투'에서 친구2는 친구1이 계속 말을 하도록 대화를 이어나간다. 많은 사람들이 대화 나르시시즘 성향을 보이는데 정작 본인은 자신이 그렇다는 것을 모른다. 나도 마찬가지다. 의식적으로 노력하지 않으면 상대방에게 이런 무례를 종종 범한다. 돌아서서 후회하지만 흘러간 대화를 돌이킬 재간은 없다. 대놓고 무례하게 구는 것뿐 아니라 항상 자신이 대화의 주인공이 되려는 것도 무례함의 한 모습이다.

최근 존 바이든 대통령의 공감 능력이 언론의 뭇매를 맞았다. 아프가니스탄 전쟁 중에 자폭 테러로 사망한 미군 장병을 위로하는 자리에서 숨진 장병들의 이야기는 듣지 않고 자신의 아들 이야기에 치중했다고 한다.

공감의 말투에서 주인공은 언제나 상대방이어야 한다. 자신이 주인공이 되는 습관은 신뢰를 무너뜨린다. 직장에서 누군가 "힘들어."라고 말할 때 "나도 힘들어."라고 말하지 않아야 한다. 진심 어린 공감의 말투는 주변 사람들과 교감하고 깊은 신뢰를 쌓는 중요한 열쇠이다.

●○○

남편은 낯선 타인에게 무심하거나 너그러운 편이다. 단, 도로에서 다른 사람에게 피해를 주는 운전자에게는 조금도 아량을 베풀지 않는다. 운전하다가 버럭 화를 내는 남편에게 나는 셋째 이모처럼 하지 못한다. "말 좀 조심해. 급한 일이 있나보지."라면서 핀잔을 주곤 했다. 최근에서야 남편의 분노에 공감하기 위한 노력으로 "아, 운전을 왜 저렇게 해." 정도로 발전했다. 셋째 이모부는 병으로 갑자기 돌아가셨다. 아내와 자식에게 "고마워요.", "미안해요."라는 표현을 아끼지 않았던 다정다감한 분이었다. 짧은 생이었지만 자신에게 늘 공감해주는 아내 덕분에 참 행복하셨겠다는 생각이 든다. 상대방의 분노에 사이다 말투로 공감을 표현하는 금슬 좋은 부부. 우리 부부도 좀 배워야 할 것 같다.

신뢰가 쌓이는 '덕분에'
불신이 쌓이는 '때문에'

결혼 초 남편과 한창 싸울 때는 남편에게서 좋은 성품을 찾아볼 수 없었다. 인내심, 융통성, 포용력, 이해심 같은 것들. '이런 남자와 평생 살 수 있을까.'라는 생각을 수없이 하면서도 혹시나 하는 희망의 버릴 수 없었던 이유는 시어머니였다. 시어머니는 성품이 참 좋은 분이다. 주변 사람들과의 관계도, 자식이나 며느리에게도 편안한 존재이다. '성품 좋은 분이 낳아서 키운 아들이니 닮은 데가 있지 않을까.'하는 생각으로 3년을 보냈다.

부부 화해와 화합의 단계로 접어들고보니 예상대로 남편의 성품에서 시어머니의 좋은 성품이 하나씩 묻어나왔다. 남편에게 '시어머니 덕분에' 우리가 힘든 시기를 잘 넘겼다고 종종 말한다. 또, 우리 부부가 일을 할 수 있는 것은 꼭 필요할 때 선뜻 육아 지원을 해주시는 시아버지 덕분이다. 시아버지는 늘 아이들에게 가장 좋은 친구가 되어주신다. 남편에게 또 말한다. 우리는 '시부모님 덕분에' 잘 살고 있다고.

'덕분에'라는 말은 특별한 말의 기술 없이도 신뢰가 차곡차곡 쌓이게 하는 마법 같은 말이다. 나쁜 관계를 회복시켜주고 좋은 관계를 더 탄탄하게 만들어준다. 그 말을 자주 하다보면 자신도 모르게 인간관계에 신뢰가 두둑이 쌓이게 된다. '덕분에'라는 말은 상대방에게 공을 돌리고 감사를 전하는 인사말로 제격이다.

"과장님 덕분에 이번 프로젝트 잘 끝냈습니다."

"김 대리 덕분에 우리 팀 목표를 달성할 수 있었어."

"당신이 맛있는 아침식사를 차려준 덕분에 오늘도 힘이 나네."

"자기가 영화 티켓을 미리 준비해준 덕분에 묵은 스트레스가 다 풀렸어."

'덕분에'라는 말을 들으면 자존감이 올라가고, 스스로 더 잘

하고 싶은 욕구가 생긴다. 안부를 물으면 항상 "덕분에 잘 지냅니다."라고 대답하는 사람들이 있다. 내가 상대방의 건강과 안녕을 위해 뭔가 해준 것도 없는데 말이다. 그 말은 '안부를 물어주셔서 감사합니다. 걱정해주신 덕분에 잘 지냅니다.'라는 의미이다. "네, 잘 지냅니다."라는 말보다 더 깊은 신뢰를 만든다. 말의 힘은 강하고 놀랍다. 신기하게도 '덕분에'라는 말을 많이 하는 사람은 주변 사람들 덕분에 인생이 술술 풀린다.

'덕분에'라는 말은 직접 들어도 좋지만 제 3자를 통해서 들으면 더 기분 좋은 말이다. 누군가에게 들은 험담은 흘려버려야 하고, 누군가에게 들은 칭찬이나 감사의 말은 메신저가 되어 상대방에게 전달해주는 것이 좋다. 듣는 사람은 그 말을 한 사람과 전해준 사람 모두에게 고마움을 느낀다.

"과장님, 부장님이 과장님 덕분에 이번 프로젝트 성공했다고 하시더라고요."

"김 대리, 디자인팀에서 김 대리 덕분에 중요한 시안이 아주 잘 나왔다고 하더라고."

"제수씨, 인표가 결혼해서 아내 덕분에 건강해졌다고 하던데 비결이 뭐예요?"

'덕분에'라는 말과는 반대로, 쓰면 쓸수록 불신이 쌓이는 말이 있다. '때문에'이다. 논리적인 설명을 할 때 '때문에'라는 말은 쓰면 논리적이고 똑똑한 사람으로 보일 수 있다. 반면 대화에서 잘못 쓰면 비난, 책임 회피, 방어의 의미가 전달된다.

"김 대리 때문에 이번 프로젝트가 실패했잖아."

"당신 때문에 내가 컵을 깼잖아. 컵을 왜 여기에 둔 거야!"

"일찍 출발했는데 버스 때문에 늦었어. 내가 일부러 늦은 것도 아닌데 뭘 그렇게까지 화를 내?"

'때문에'는 상대방에게 상처를 주고, 싸움을 만들고, 관계를 악화시킨다. '때문에'와 함께 사용할 때 치명적인 단어는 '죄송합니다'라는 사과의 말이다. 사과의 의미가 정확하게 전달되기 위해서는 사과해야 하는 때를 구분하고, 사과의 말투에 진정성이 있어야 한다.

영화관에 영화를 보러 갔을 때다. 자리를 찾아 들어가던 중 앉아 있던 사람의 발에 내 발이 걸려서 몸이 휘청했다. 그 순간 손에 들고 있던 음료수를 그 사람의 바지에 쏟았다. 아찔했다. "정말 죄송합니다."를 연신 반복하면서 사과했다. 상대방은 괜찮다고 말했다. 만약 내가 "당신 발 때문에 넘어져서 음료수를 쏟

앉어요. 죄송합니다."라고 했더라면 그 사람이 괜찮다고 말했을
까? 사과는 간결해야 한다. 이유를 먼저 설명하면 핑계가 된다.
먼저 사과의 말을 하고 나서 이유를 말해도 늦지 않다. 상사가
부하에게 업무 처리에 대해 지적하는 상황이다.

💬 이유를 먼저 설명할 경우

상사 : 과장님, 일 처리가 왜 그래요? 오늘까지 고객사에 제안서
보내기로 해놓고 왜 아직 소식이 없어요?

부하 : 아, 부장님. 제가 어젯밤에 몸살이 나서 응급실에 좀 다녀
오느라…

상사 : 아니, 왜 미리미리 준비를 못해요?

부하 : 원래 어젯밤에 마무리하려고 했습니다. 죄송합니다.

💬 사과의 말을 먼저 하는 경우

상사 : 과장님, 일 처리가 왜 그래요? 오늘까지 고객사에 제안서
보내기로 해놓고 왜 아직 소식이 없어요?

부하 : 아, 부장님. 늦어져서 죄송합니다. 지금 마무리하고 있습
니다.

상사 : 왜, 무슨 일 있어요?

부하 : 사실은 제가 어젯밤에 몸살이 나서 응급실에 좀 다녀오느라…

상사 : 아, 그랬구만…. 오늘 중에 마무리가 되겠어요?

부하 : 네, 가능합니다. 고객사에는 오늘 6시 이전에 보낸다고 연락해 놓았습니다.

누구나 실수나 잘못을 할 수 있다. 실수나 잘못 그 자체로 인해 신뢰가 떨어질 수도 있다. 하지만 그 상황을 어떻게 대처하느냐에 따라 신뢰를 지킬 수도 있고, 신뢰가 더 쌓일 수도 있다. 상사에게 잘못을 지적받으면 즉시 잘못을 인정하고 사과의 말을 해야 한다. 이유를 먼저 설명하면 잘못을 인정하지 않고 책임을 회피하려는 것으로 보인다. 이유나 상황에 대한 설명은 상사가 물어볼 때 해도 늦지 않다. 궁금해하지 않으면 굳이 안 해도 된다.

새로운 업무를 맡으면 초기에는 업무 실수가 빈번할 수 있다. 신입사원이든 경력사원이든 마찬가지다. 자신이 잘못할 때마다, 상사가 지적할 때마다 유독 "죄송합니다."를 자주 말하는 사람들이 있다. 그 말을 할수록 더 의기소침해지고 자신감이 없어진다. 나는 그런 직원들에게 "죄송합니다."라는 말을 최소화하라고 이야기해준다. 내 말을 새겨듣고 그 말 대신 다른 말로 대체하는 직원은 자신감을 되찾고 신뢰를 쌓아간다. 계속 죄송하다는 말을 반복하는 직원은 상황이 나아지지 않는다.

사과의 말을 습관처럼 하면 그 말의 진정성이 희석될 수 있다. 진정한 사과는 정말 필요할 때 진심을 담아서 해야 한다. 또 죄송하다는 말을 하면 할수록 자꾸만 '죄송할 일'이 생긴다. 직장에서는 무조건 사과보다 양해의 말과 빠른 해결책을 제시하는 것이 더 신뢰를 높이는 방법이다.

"양해 바랍니다."

"이해해주시면 감사하겠습니다."

"착오가 있었습니다. 최대한 빨리 시정하겠습니다."

"다음부터 유의하겠습니다."

"명심하겠습니다."

연인 간에 싸우거나 한쪽에서 화가 났을 때, 나머지 사람이 무조건 '미안해'라고 말하는 것은 옳지 않다. 형식적인 사과는 상대방을 더 화나게 만든다. 친구들 모임에 함께했던 연인 간의 대화이다. 여자는 남자가 친구들과 대화 중에 자신을 무시하는 말을 해서 화가 났다. 남자는 화난 여자가 신경 쓰이지만 정확한 이유를 몰라서 당황한 상태이다.

남자 : 미안해.

여자 : 뭐가 미안해?

남자 : 아니··· 다 미안해.

여자 : 뭐라고? 내가 왜 화났는지도 모르면서 미안하다는 말만 하면 되는 거야?

남자 : (짜증나는 말투로) 아, 정말··· 사과했으면 됐잖아.

여자 : (언성을 높이며) 너는 늘 그런 식이야!

남자 입장에서는 사과를 했으니 여자가 마음 풀고 속 시원하게 이야기해주면 좋으련만 답답할 노릇이다. 여자 입장에서는 자신이 화난 이유를 제대로 알고 다음부터는 그러지 않기를 바라는데 남자가 상황을 모면하려는 것만 같아서 더 화가 난다. 이런 상황에서는 그냥 사과 한마디보다 상대방을 이해하려는 노력이 필요하다. 정확히 이해된 후 사과해도 늦지 않다.

"왜 화가 났는지 이야기해주면 좋겠어."

"화나게 해서 미안해. 문제가 뭔지 같이 생각해보자."

"아, 그래··· 말해줘서 고마워. 다음부터는 그런 일 없도록 할게. 미안해."

●○○

남편과 나는 싸울 때 '당신 때문에'라는 말을 많이 했다. 싸울 때만이 아니라 일상의 대화에서도 마찬가지였다. "당신 때문에 약속에 늦었어.", "당신 때문에 그때 안 사서 손해 봤어."라는 식이었다. '덕분에'라는 말로 싸움이 잦아들었고, '미안해'와 '고마워'를 하면서 화합을 유지하고 있다. '때문에'라는 말을 쓸 상황이 없어진 것은 아니다. 단지 그 말을 안 하려고 노력할 뿐이다. "우리 이제 준비 좀 더 서두르자. 약속에 늦었어.", "그때 안 사서 손해 봤네. 아쉽다."와 같은 말로 대신하니까 듣는 사람은 "미안해", "고마워"라는 대답을 하게 된다. 코로나 19로 인해 사람들과의 거리가 멀어졌다. 확진자로 인해 번거로운 검사와 불가피한 자가 격리를 하게 되는 경우도 적지 않다. 이 때문에 주변 사람들과의 관계가 불편해지기까지 한다. 이제 무너진 신뢰를 다시 쌓아야 한다. 이제는 '덕분에'의 덕을 좀 봐야 할 때다.

가슴을 뛰게 하는 말
"나는 당신을 믿어요"

나는 인정의 욕구가 높은 편이다. 직장 생활을 하면서 인정을 받기 위해 언제나 열일 모드였다. 회사에서는 열심히 일하는 직원을 위해 인정과 보상이라는 당근을 충분히 준비한다. 회사에서 받은 당근을 부모님에게 자랑하면 부모님에게도 인정받았다. 나의 이삼십 대를 일 중독으로 채운 것은 자명한 일이었다. 일을 통해 인정받는 것이 너무 좋았다. 사회적인 성공이 삶의 목표가 되는 것은 정해진 수순이었다. 사랑과 일 중 하나만 할 경우 무조건 일이었다. 이삼십 대의 그 꽃 같은 시절을 그렇게 보냈다. 성공을 위해 사랑하는 사람, 가족, 친구 그리고 나 자신을 희생시켰다.

8년 전, 이벤트기획사업을 시작할 때 오래 할 생각은 없었다. 일단 사업을 하면서 다른 기회를 찾아보자는 심산이었다. 고객사가 하나 둘 늘어나고 매출이 늘어나면서 일이 슬슬 재미있어지기 시작했다. 정신없이 바쁘고, 일하는 재미에 빠져 있는 와중에도 슬럼프는 한 번씩 찾아왔다. 두 아이의 엄마가 되면서 더욱 그랬다. 아이들과 더 많은 시간을 보내기 위해 일을 줄였다. 그래도 고비는 찾아왔다. 그때마다 나를 붙잡는 한마디가 있었다. "당신을 믿습니다."라는 말이다.

코로나19는 내가 하는 일에 타격을 주었다. 그럼에도 불구하고 나를 믿어주는 사람들을 위해 새로운 세상에 맞는 전략을 짜고 아이디어를 실행한다. 어떤 상황에서도 상대방을 움직이게 하는 말은 "나는 당신을 믿어요."라는 신뢰의 말이다.

부하가 업무 실수를 하거나 부족한 점이 보일 때 그 사람의 전체를 부정하는 지적의 말을 하는 상사가 있다. "일을 그렇게밖에 못해? 이번 달 영업 실적이 왜 이래?"와 같은 말과 함께 상대방을 불신한다. '하나를 보면 열을 안다고, 과연 다른 건 잘할 수 있을까' 하는 의심을 품는다. 인정의 욕구는 누구에게나 있다. 자신이 잘한 일을 인정받지 못하고 실수나 잘못만 부각해서 모든 것을 부정당하면 실의에 빠지게 된다. 부하를 성장시키는 상사가 되려면 잘못한 부분에 대해서는 구체적으로 말하고, 믿음은 변치 않는다는 것을 말해야 한다.

"코시국에도 영업하느라 고생 많았어요. 고객을 직접 찾아가는 횟수를 줄이고, 비대면으로 영업하는 방법을 좀 더 연구해봐요. 잘 하리라 믿어요."

자신을 믿어주는 사람이 있다는 것은 큰 힘이 된다. 그 사람이 자신의 상사라면 얼마나 행운일까. '믿는다'는 말은 한마디만으로도 강한 힘이 있지만 구체적으로 표현하는 것도 좋다. 구체적으로 표현하기 위해서는 평소 상대방에게 관심을 기울여야 한다. 상대방의 사소한 말과 행동에 대한 신뢰의 말투로 표현해야 한다.

"이 대리님은 근성이 남다르잖아요. 이번에도 잘할 거라고 믿었어요. 수고 많았어요."

"김 과장님은 항상 긍정적이에요. 그래서 팀원들도 잘 따르고, 나도 믿음이 가요."

상대방의 의견이나 행동에 반대해야 할 경우가 있다. 반대가 옳은 의견 일지라도 듣는 사람의 감정이 상하면 좋은 대화가 이어지지 않는다. 반대 의견을 내놓기 전에 상대방의 의견을 먼저 인정 해주는 'Yes-but 화법'이 있다. 이때 인정의 말투는 "당신 말이 옳아요."다.

한 전자제품 매장에 에어컨을 구입하기 위해 방문한 고객이 있다. 그 고객은 다른 브랜드의 에어컨이 더 낫다는 말을 하고 있다. 매장 직원이 "그 에어컨은 에너지 효율이 나빠요. 전기세 폭탄 맞으실 거예요."라고 말하는 것보다 "아, 그 에어컨에도 관심이 많으시네요. 고객님 말씀이 맞아요. 그 에어컨이 가심비가 좋다고 요즘 인기죠. 저희 제품과 비교해서 좀 더 설명해 드릴게요."라고 말하면 상대방에게 신뢰를 얻게 된다. 또 다른 예로 직장 동료들이 점심을 먹으러 가려고 할 때다.

💬 인정 없이 반대하는 대화

동료1 : "오늘 점심 뭐 먹을까요? 맛있는 거 없을까요?

동료2 : 저기 새로 생긴 한식 뷔페 어때요?

동료1 : 어제도 한식 먹었잖아요. 오늘도 한식 먹자고요?

동료2 : 그럼 뭐 먹을까요?

💬 먼저 인정한 후 반대하는 대화

동료1 : 오늘 점심 뭐 먹을까요? 맛있는 거 없을까요?

동료2 : 저기 새로 생긴 한식 뷔페 어때요?

동료1 : 오, 새로 생긴 한식 뷔페 좋죠! 어제도 한식 먹었는데 오늘도 먹고 싶어요?

동료2 : 그럼 다른 거 생각나는 거 있어요?

내용은 큰 차이가 없다. 하지만 동료1은 자신의 의견에 일단 '좋지!'라는 인정의 말투로 동료2가 반응했기 때문에 기분 나쁘지 않다. 짧은 인정의 한마디는 상대방의 감정을 지키면서 반대 의견도 자연스럽게 드러낼 수 있는 방법이다.

●○○

이십 대, 삼십 대에는 타인의 인정을 받기 위해 내 삶을 재물로 삼았다. 그렇게 시간을 흘려보내고나니 어느 새 오십 대를 코앞에 둔 사십 대가 되었다. 내가 목표하고 계획했던 만큼 사회적인 성취는 얻지 못했지만 어느 때보다 행복하다. 행복은 지금 있는 그대로의 나에게서 찾는 것이다. 자신을 믿어주는 것은 타인의 인정을 바라는 것보다 더 강한 힘이 있다. 타인이 믿어줄 때는 물론이고, 타인이 믿어주지 않을 때에도 쉽게 흔들

리지 않는다. 행복은 삶이 흔들리지 않고 고요할 때 더 진하게
느껴진다. 내가 가진 것에 감사하고, 일상의 소소한 것에 감동
하고, 앞으로 가질 것에도 미리 감사하는 마음에, 요즘 나는 진
짜 행복하다.

자신을 돋보이게 하는
지적인 말투

    몇 해 전, 어느 강연행사에서 사회를 맡았을 때였다. 강연자를 소개한 후 강연자가 무대에 올랐다. 그의 첫 마디가 마이크를 타고 공기에 흐르는 순간, 나의 목소리와 말투가 너무 보잘것없게 느껴졌다. 강연자는 당시 대한민국을 엎치락뒤치락하던 남자 아나운서였다. 그의 목소리에는 근접할 수 없는 강한 카리스마가 있었다. 부드럽지만 단호하고 분명한 말투는 감탄사조차 침묵하게 만들었다.

    지적인 말투는 분명한 발음, 적당한 속도, 정확하고 다양한 어휘력이 어우러지는 말투이다. 말에 군더더기가 없고 문장이 간결하다. 아나운서의 말투가 대표적이다. 말하는 것이 직업인

아나운서의 말투를 따라잡자는 의미는 아니다. 불필요한 말을 없애고, 바른 말을 사용하고, 다양한 어휘력을 가지는 것만으로도 충분히 자신을 돋보이게 할 수 있다. 그동안 수많은 신입사원, 경력사원의 서류와 면접 심사를 했다. 자기소개서에 오타와 틀린 맞춤법이 있거나 면접에서 잘못된 표현법으로 말하는 사람에게 높은 점수를 주기는 어렵다. 직장에서 면접, 제안, 발표와 같은 상황에는 말과 글에서 신뢰를 주어야 한다.

사람들이 우리말을 얼마나 엉터리로 쓰고 있는지 수시로 발견한다. 연말이면 TV에서 많은 시상식이 진행되는데 사회자는 "시상하도록 하겠습니다."라는 말을 수없이 외친다. 직장에서 발표자는 "발표하도록 하겠습니다."로 시작한다. '하도록'은 빼고 "시상하겠습니다.", "발표하겠습니다."라고 해야 한다.

잘못된 경어와 존대도 빠질 수 없다. 공손하려는 의도는 알겠지만 적절하지 않은 '시'는 눈살을 찌푸리게 한다. "보시도록 하시겠습니다.", "주문하신 식사 나오셨습니다.", "요청하신 상품이 없으십니다."가 아니라 "보겠습니다.", "주문하신 식사 나왔습니다.", "요청하신 상품이 없습니다."라고 해야 한다. 직장인이 꼭 알아야 경어 사용법이 있다. 자신이 하는 말에 자신보다 높은 두 사람이 등장할 때, 누구에게 존칭을 쓰는 게 맞는지 늘 헷갈

린다. 존칭은 두 사람에게 모두 써야 하고, 경어는 듣는 사람의 기준으로 사용해야 한다.

잘못된 경어법1 : 이사님, 강 팀장님께서 드리라고 하신 자료입니다.

잘못된 경어법2 : 이사님, 강 팀장이 드리라고 한 자료입니다.

올바른 경어법 : 이사님, 강 팀장님이 드리라고 한 자료입니다.

직장에서 '잘못된 경어법2'와 같이 사용하는 이유가 '압존법'을 적용하기 때문이다. 윗사람에게 말할 때 그 사람보다 낮은 윗사람은 존대하지 않는 것을 압존법이라고 한다. 압존법은 가정이나 사제 간에 쓰이는 전통 언어 예절이고, 직장에서는 쓰이지 않는다. 직장에서도 압존법을 써야 하는 것으로 오해하지 않기 바란다.

잘못된 맞춤법이 인터넷에서 짤로 돌아다니며 큰 웃음을 선사하기도 한다. '감기 빨리 낳아.', '버꽃놀이 갈까?', '마음이 절여온다.', '권투를 빈다.'라는 말에는 웃고 넘길 수 있지만 '삶과 고인의 명복을 빕니다.'라는 말에는 웃을 수도 없다.

한 결혼정보기업에서 미혼 남녀 1천여 명을 대상으로 연인

간의 연애 매너에 대해 조사했다. 연인에게 정 떨어지는 순간이 '약속을 지키지 않을 때'(42.4%), '반복적으로 맞춤법을 틀릴 때'(31.3%), '기념일을 잊었을 때'(13.6%)순으로 나타났다. 연인이 기념일을 잊는 것보다 맞춤법 틀릴 때 정이 더 떨어진다는 말이다. 특히 여성이 남성보다 이성의 맞춤법을 더 중요하게 판단하는 것으로 나타났다.

한 구직구인 플랫폼기업에서 구직자 2천여 명을 대상으로 '자기소개서에 자주 사용하는 표현 중 틀리기 쉬운 맞춤법'을 문제로 물어본 결과, 총 10문항에 대한 평균 점수는 61.9점에 그쳤다. 기업의 인사담당자 2백여 명을 대상으로 조사한 결과, 자기소개서에 잘못된 맞춤법이 있을 경우 87.1퍼센트가 부정적으로 평가하고, 이들 중 37.2퍼센트는 잘못된 맞춤법만으로 탈락시킨 경험이 있다고 밝혔다.

신조어, 줄임말 사용으로 인해 맞춤법이 파괴되고 있지만 맞춤법을 대충, 적당히 해서는 안 된다. 연인이 사용한 최악의 맞춤법은 '연애인', "예기', '설겆이', '외냐하면' 등이 있다. 취업준비생이 자주 틀리는 자기소개서 맞춤법은 '뒤처지지(O)'와 '뒤쳐지지(X)', '~좇아(O)와 '~쫓아(X)', '내로라하는(O)'과 '내노라하는(X)', '십상이다(O)'와 '쉅상이다(X)' 등이 있다. 그 외에도 '되다'와 "돼다", '안되'와 '안돼', '왠지'와 '웬지', '틀리다'와 '다르다', '가르키다'와 '가르치다' 등 적재적소에 사용하지 못하는 단어가 많다. 정말 너무 많다.

맞춤법과 띄어쓰기에 대해 늘 안테나를 세우고 있는 나도 많은 단어와 문장들을 놓고 고개를 갸웃거린다. 키보드 위에서 지웠다 썼다 반복하는 손가락이 스스로 부끄러울 때가 많다. 어떻게 할 것인가?

우선 어휘에 관심을 가져야 한다. 잘못된 표현은 바꾸고 새로운 표현은 자기 것으로 만들면서 풍부한 어휘력을 확보해야 한다. 올바른 한글 사용법에도 관심을 가져야 한다. 참고로, 한글 맞춤법과 표준어에 대한 정보는 문화체육관광부 국립국어원(www.korean.go.kr)을 통해 얻는 것이 가장 정확하다.

🗨 지적인 말투를 훈련하는 방법

1. 군더더기의 말을 빼고 간결한 표현을 쓴다.
2. 가벼워 보이는 감탄사나 경박한 표현을 하지 않는다.
3. 풍부한 어휘력을 위해 책과 신문을 읽는다.
4. 새로운 표현을 메모하고, 기억하고, 사용한다.

말투만 지적이어서는 안 된다. 가짜 지성은 오래가지 못한다. 지적 능력이 돋보이게 하기 위해 반드시 갖추어야 할 것이 있다.

우리 회사에 꼭 필요한 경력직을 채용한 적이 있다. 사람 좋아 보이는 후덕한 인상, 탁월한 실무 능력, 고객사를 대하는 정중한 태도와 말투 등 나무랄 데가 없었다. 그런데 그가 입사한 이후 그 팀원들의 표정은 점점 어두워졌다. 그는 팀원들에게 반말은 기본이고 난폭한 말투까지 사용했다. 우리 회사와 결이 맞이 않아 그는 얼마 못 가서 퇴사했다. 주변 사람들에게 말을 함부로 하면 탁월한 업무 능력도 무용지물이다.

또 다른 사례가 있다. 학력, 집안, 직업 등 나무랄 데가 없는 일명 '스펙 천재'인 남자와 데이트를 시작한 여자가 있었다. 남자는 여자에게 매우 친절했고 예의를 갖추었다. 여자는 매너까지 좋은 남자가 자신의 이상형이라고 생각했다. 어느 날, 음식점에 저녁 식사를 하러 갔는데 서비스가 더디었다. 남자는 식당 직원에게 "왜 이렇게 늦어?"라며 반말을 했고, 식사하는 내내 식당 직원들에게 함부로 말했다. 그 모습을 본 여자는 남자에 대한 마음이 완전히 돌아섰다.

지적인 말투에서 정중함이 빠지면 제로가 아니라 마이너스가 된다. 말투는 그 사람의 인격이고, 그 사람에 대한 신뢰도를

결정한다. 정중하고 품격이 담긴 지적인 말투는 모든 인간관계
에 무한한 신뢰를 만들어준다.

●○○

'인터넷에는 마스크를 쓴 모나리자까지도 등장하고 있어요.
모나리자의 얼굴에 수염을 단 마르셀 뒤샹도 하지 못한 그 신
비한 미소를 뭉개버린 것입니다. 모나리자의 입을 가린 마스
크에서 우리는 지금껏 그냥 지나쳤던 모나리자의 눈을 발견하
게 되는 것처럼 환갑을 지난 옛날 제자들인데도 마스크를 쓴
그 얼굴에서 이십 대의 젊은 그대로의 아름다운 눈동자를 발견
하게 됩니다. 그것을 나는 코로나 패러독스의 효과라고 부릅
니다.'
코로나19를 향한 수많은 말들 중에서 가장 다정하고 친절한 말
이 아닐까. 최근 이어령 전 문화부 장관이 한 지면 인터뷰 중 일
부이다. 그의 말에는 강한 힘이 있고, 세월의 향기가 진하게 묻
어난다. 투병과 고령은 '이 시대의 지성'의 빛을 가리지 못했
다. 나이가 들수록 나의 말투가 내가 살아온 세월을 말해주는
것 같아 조심스러운 요즘이다. 세월이 더 흐르면 나의 말투에
서도 진하고 좋은 향기가 묻어날 수 있을까. 조심스레 기대해
본다.

싸우지 않고 이기는
당당한 말투

자동차 영업을 하는 사람이 있었다. 영업할 때 자신의 대화 방법을 바꾸고 싶다면서 상담을 요청했다.

"저는 정말 열심히 일을 해요. 사람들에게도 늘 진심으로 대하고요. 그런데 이상하게 실적이 좋은 편이 아니에요. 동료들 중에는 저보다 열심히 하지 않는데 영업 실적이 좋은 사람들이 있어요. 제 문제가 뭔지 모르겠어요."

"고객과 대화할 때 어려운 점이 있어요?"

"설명을 다한 다음에 마무리를 어떻게 해야 할지 잘 모르겠어요. 클로징 멘트를 잘하고 바로 계약으로 이어가는 사람들 보면 참 신기해요. 저는 그 말이 잘 안 나와요."

"아, 클로징 멘트보다 대화를 이끄는 전체적인 맥락을 이해하면 더 도움이 될 겁니다."

나는 영업이나 협상을 잘하는 사람이 아니다. 협상을 잘하는 사람들은 어떤 상황에서도 자신에게 유리하게 이끈다. 상대방의 부정적인 반응에도 웃으면서 유연하게 대처한다. 나는 상대방이 부정적인 말을 하거나 불신의 시선을 보낼 때 내 표정에서 불편함이 고스란히 드러난다. 소심해져서 말에 힘이 빠진다. 이성이나 친구를 사귈 때에도 나에게 관심 없는 사람에게는 호기심조차 갖지 않았다. 나에게 호의적인 사람들 안에서 일, 우정, 사랑의 관계를 맺어야 했다. 사업을 하다보니 항상 그럴 수는 없었다. 지인의 소개가 아니라면 사업적인 만남은 대부분 경계 모드이다. 내가 실패를 반복하며 체득한 방법은 내가 정한 결론대로 대화를 하는 것이다. '우리는 이 프로젝트를 맡는다.', '이 행사는 성공적으로 마무리된다.', '상대방은 나를 신뢰한다.'와 같은 전제하에 대화를 시작한다.

20주년 기념행사를 준비하고 있는 담당자와 첫 미팅을 했다.
"행사 계획하시느라 애 많이 쓰셨습니다. 이제부터는 좀 편하게 준비하시도록 도와드리겠습니다."

"아, 그러게요. 중요한 행사라 신경이 여간 쓰이는 게 아닙니다."

"공유해주신 계획서를 봤는데 좋은 아이디어가 많더라고요. 저희도 흥미롭게 준비할 수 있겠습니다."

"아, 그래요? 감사합니다. 좀 더 기발한 프로그램이 없을까요? 저희가 초대한 분들이 워낙 좋은 행사에 많이 다니는 분들이라서요."

"네, 우선 오늘 미팅하면서 아이디어를 나눠보시죠. 행사의 테마가 '레트로'라서 공간의 분위기가 중요할 것 같은데 고려하는 장소가 있나요? "

이 대화를 할 때 담당자는 우리 회사에 맡길지 확정하지 않았다. 그런데 나는 우리가 행사를 맡았다는 전제로 대화를 이어간다. 나는 상대방에게 우리 회사에 일을 맡겨야 하는 이유를 설명하거나 설득하지 않는다. '우리가 일한다'는 전제가 있기 때문에 앞으로 준비할 구체적인 내용으로 대화를 이어간다. 자연스럽게 당당한 말투를 사용하게 된다. 당당한 말투는 상대방에게 신뢰를 준다.

설득의 기술을 다룬《콜드리딩》이라는 책에는 어떤 상황, 어떤 상대를 마주쳐도 자신이 원하는 결과를 이끌어내는 심리학적 기술을 '콜드리딩'이라고 소개했다. 책의 저자 이시이 히로유키는 보험 판매왕, 영업의 달인, 정신과 의사, 종교지도자 등의 사람들이 이 기술을 이용해서 사람들의 마음을 사로잡는다고 한다. 책에 소개되어 있는 '더블바인드 기법'이 나의 방법과 유사하다. 더블바인드 기법은 자신이 원하는 대로 상대방의 대답을 이끄는 기술이다. 비즈니스 상황뿐 아니라 데이트를 하거나 육아를 할 때도 효과적인 대화의 방법이다. 남자가 호감 있는 여자와 대화 중에 주말 데이트 약속을 잡고 싶은 상황이다.

🖥 단답형의 대답을 유도하는 질문

남자 : 이번 주말에 영화 보러 갈까요?

여자 : 아, 글쎄요. 영화는 좀…

🖥 둘 중 하나를 선택하도록 유도하는 질문

남자 : 이번 주말에 영화 보러 갈까요? 교외로 드라이브 갈까요?

여자 : 요즘 날씨 좋으니까 드라이브 가보고 싶네요.

두 번째와 같은 질문에는 주말에는 데이트를 한다는 전제가 깔려 있다. 더블바인드 기법에는 서로 마음이 통하는 과정이 먼저 있어야 한다. 상호신뢰관계가 형성되어 있지 않은데 일방적으로 결론을 지어 밀어붙이는 듯하면 무례하게 느껴질 수 있다. 미국 켄터키주립대학교의 마리아 자라고자 교수는 리딩 기법이 조금은 강제적으로 보이지만 대부분의 사람은 끌려오기 마련이라고 했다. 리딩 기법을 활용하면 상대방의 대답에 대한 초조감이 없어지기 때문에 당당하게 말할 수 있게 된다고 했다.

일반적으로 논리적인 접근보다 상대방의 감정에 호소하는 것이 설득에 더 효과적이다. 말을 유창하게 못해서 영업을 못할 것 같은 사람이 실제로는 영업을 뛰어나게 잘하는 이유가 사람의 심리를 잘 활용하기 때문이다.

직장에서 제안을 하거나 발표할 때 듣는 사람들이 자신의 의견에 반대할 것을 두려울 수 있다. 그럴 때는 "혹시 제 의견에 반대하실 분 있으세요?"라고 물어보는 것보다 "대부분 제 의견에 동의하시리라고 생각됩니다. 혹시 질문 있으세요?"라고 말하는 것이 좋다. 반대하는 사람을 잘 설득하는 기술도 필요하다. 하지만 애초에 반대를 못하도록 대화를 이끈다면 굳이 설득의 수고를 하지 않아도 된다.

현대판 로미오와 줄리엣이 되어본 경험이 있는가? 금지된 사랑은 서로의 마음을 더 뜨겁게 만든다. 하지 말라고 하면 더 하고 싶어지는 심리 때문이다.

1987년 하버드대학교의 사회심리학자 다니엘 웨그너는 한 실험을 했다. 학생을 두 그룹으로 나눠서 한 그룹의 학생들에게는 흰 곰을 생각하라고 했고, 다른 한 그룹의 학생들에게는 흰 곰을 생각하지 말라고 했다. 그리고 흰 곰이 떠오를 때마다 종을 치라고 했다. 실험 결과, 흰 곰을 생각하지 말라고 한 그룹이 종을 친 횟수가 더 많았다. 이 실험을 흰곰효과(백곰효과)라고 한다. 특정 생각, 욕구를 억누르려고 하면 할수록 그것이 떠오르기 쉬운 효과를 '사고 억제의 역설적 효과'라고 한다.

협상의 대화에서는 긴장하지 않을 수 없다. 심리적으로 상대방의 우위에 서기 위해서 상대방도 나처럼 긴장한다는 것을 기억해야 한다. "긴장하지 마시고요.", "이제 긴장 푸셔도 됩니다." 라는 한마디로 상대방의 긴장감을 더 높이는 것도 효과적이다.

당당한 말투는 자칫하면 오만한 사람으로 보여질 수 있다. 당당한 말투를 쓰면서 겸손하고 예의를 갖추기 위해서는 침착함을 유지해야 한다. 상대방과 의견이 다를 때에도 목소리가 커지거나 톤이 높아지지 않아야 한다. 상대방의 의견에 "맞아요.",

"그렇게 생각할 수 있습니다.", "저도 그 부분은 동의합니다."라고 호응한 뒤, "이런 방법은 어떨까요?", "대신에 이런 점은 고려하는 게 좋겠습니다."와 같이 자신의 의견을 더하는 것이 좋다.

협상도 대화라는 것을 잊지 않아야 한다. 협상을 잘하는 것은 말을 주고받는 것을 잘하는 것이다. 하지만 일상의 대화가 아니기 때문에 자신의 의견을 관철시켜야 하는 순간도 있다. 했던 말을 또 하면서 구구절절 설명이 길어지는 것보다는 "말씀을 충분히 이해합니다만, 1안으로 진행하는 것이 유리하다고 생각합니다."와 같이 단호하게 말하는 것이 좋다. 직장에서 협상이 필요한 가장 중요한 순간은 연봉 협상이다. 회사에서 제시하는 연봉보다 더 많은 연봉을 요구할 경우에도 당당하고 간결한 말투로 자신의 의견을 피력하는 것이 효과적이다.

동네에 맛있는 빵집이 있다. 한번은 빵을 먹는데 비닐 조각이 나왔다. 연락을 할지 말지 고민했다. 그 빵집을 계속 이용하고 싶다는 결론에 이른 후, 빵집에 전화해서 "제가 좋아하는 빵집에서 이런 일이 생겨서 좀 실망했어요. 또다시 이런 실수를 하지 않으면 좋겠어요. 그런데 저는 앞으로 빵을 계속 사 먹고 싶어요."라고 말했다. 빵집에서는 연신 사과하며 내 연락처를 물어본 후 그 빵 값만큼 포인트를 넣어주었다. 나의 이익은 맛있는 빵을 믿고 계속 사 먹는 것이고, 빵집의 이익은 고객을 유지하고 계속 신뢰를 얻는 것이다.

나도 과거에 그런 적이 있지만, 서로의 이익이 없는데 싸우는 사람들이 있다. 단지 감정 싸움이다. 서로 잘못 했다고 따지고 서로 사과하라고 요구한다. 서로의 이익이 명확하지 않다면 싸움은 낭비다. 비즈니스 협상이나 연봉 협상에서도 마찬가지이다. '나는 협상으로 어떤 이익을 얻고 싶은가?', '협상으로 상대에게 어떤 이익을 줄 수 있는가?'를 항상 생각해야 한다.

보험 가입이 많이 되어 있어서 정리가 필요할 때였다. 지인을 통해 '보험왕'을 소개받았다. 자신감이 넘치는 그와 마주한 후 "저는 보험을 잘 몰라요. 그냥 지인들이 추천해주는 데 가입했다가 너무 많아졌어요. 정리는 필요한데 지금은 시간이 많지 않으니 최대한 간단하게 설명해주세요."라고 말했다. 그런데 그는 나의 보험 중에서 뭐가 잘못되어 있는지에 대한 상세하고 긴 설명을 이어나갔다. 간단하게 말해달라고 몇 번을 요구했지만 그는 다 해지하고 새로운 보험에 가입해야 한다는 설명을 반복하면서 나를 몰아붙였다. 결국 나는 그 자리에서 일어나고 말았다.

영업이나 협상이 항상 내가 원하는 대로 되는 것은 아니다. 잘 안 될 때에는 우아하게, 예의 바르게 물러날 수 있어야 한다. 다음에 또 기회가 있을 수도 있고 없을 수도 있다. 하지만 그 한 번에 연연하다가 두 번 다시 보고 싶지 않은 사람으로 낙인 찍히는 것은 자명하다.

영업을 잘하는 것, 협상을 유리하게 이끄는 것, 설득력 있는 사람이 되는 것의 가장 좋은 방법은 많은 협상의 경험을 쌓는 것이다. 세상에는 협상이나 설득에 대한 많은 노하우들이 쏟아져 있다. 그중 내가 가장 잘하는 방법들을 선택해서 완벽하게 자신의 기술로 만들 필요가 있다. 연애, 결혼, 육아, 직장에서, 심지어 마트에서 물건을 살 때에도 우리는 늘 협상의 상황에 있다. 싸우지 않고 이기는 우아한 협상가가 되기를 바란다.

●○○

자동차 영업을 하는 사람에게 '더블바인드 기법'을 이야기해 주었다. 자동차를 구입할 것인지, 하지 않을 것인지 물어보는 과정은 불필요하다. 예를 들어, "A차종으로 하시겠어요? B차종으로 하시겠어요?"라고 물어보거나 "계약서는 어느 분으로 작성해드릴까요?"라고 말하며 자연스럽고 당연하게 계약을 진행해야 한다. 그럴 때, 고객이 "계약은 다음에 할게요."라고 할 수도 있다. 그 다음에도 "네, 제가 연락 드리겠습니다."라며 자연스럽게 말해야 한다. 내가 비즈니스 상황에서 당당한 말투를 할 수 있는 이유는 '나의 시간과 노하우로 상대방을 돕는다.'는 생각에서 비롯된다. 영업을 할 때에도 자신의 시간과 정보를 제공한 것에 대해 당연하게, 당당하게 보상을 받아야 한다. '그냥 또 물어보나보다.'라는 생각이 상대방을 그냥 물어보는 사람으로 만든다. 자신의 시간과 에너지를 자신이 소중하게 생각하지 않으면 어느 누구도 소중하게 생각하지 않는다.

사람들 앞에서
자신감 있게 말하는 방법

독주회를 앞둔 한 첼리스트가 나에게 물었다.

"첼로 연주하는 것보다 사람들 앞에서 말하는 것이 더 걱정됩니다. 어떻게 말해야 할까요?"

업무 협약식을 앞둔 한 회사의 대표가 나에게 물었다.

"사람들 앞에서 말할 기회가 종종 있는데 할 때마다 어려워요. 어떻게 말해야 할까요?"

사람들 앞에서 말해야 하는 기회는 생각보다 많고, 그럴 때마다 긴장되는 것은 피할 수 없다. 조사에 따르면 많은 사람들은 대중 앞에서 말하는 것을 죽기보다 두려워한다고 한다. 사람들 중 80~90퍼센트가 무대공포증이 있고 스티브 잡스나 에이브러햄 링컨과 같은 세계적인 명 연설가들도 초창기에는 마찬가지였다. 많은 사람들이 한꺼번에 자신을 바라보면 누구나 부담이 된다. 다수 앞에서 말실수라도 하면 부끄러운 일이 되고, 더 잘하려는 욕심을 내다보면 긴장감이 더 커진다. 사람들 앞에서 말을 많이 해본 사람도 이런 감정으로부터 완전히 자유로울 수 없다. 그저 매번 용기를 낼 뿐이다.

사람들 앞에서 자신감 있게 말할 때 사람들은 신뢰감을 느낀다. 사람들 앞에서 자신감 있게 말하는 5가지 방법이 도움되기 바란다.

철저하게 준비하고 충분히 연습하라

발표자에게 강력한 무기는 '완벽한 준비'이다. 어떤 상황에도 대처할 수 있는 준비는 안도감을 느끼게 하고, 그 안도감은 자신감으로 이어진다.

완벽한 준비를 위해 말할 내용을 송두리째 외워야 할까? 사업 초기에 중요한 자리에서 발표할 내용을 모두 외운 적이 있다. 사람들 앞에 서는 순간 외웠던 내용이 머리에서 연기처럼 빠져나갔고, 발표는 망쳤다. 이런 경험은 나뿐만이 아니다. 젊은 시절 윈스턴 처칠은 연설 원고를 외워서 발표하곤 했다. 영국 의회에서 발표하던 날, 머릿속이 하얘지고 할 말이 결국 떠오르지 않아서 연설을 중단했다. 그 이후 절대 연설 내용을 외우지 않았다고 한다. 나는 그 경험 이후부터 몽땅 외우고 싶은 유혹과 매번 싸워야 한다. 불안할수록 외우고 싶어지기 때문이다.

말할 내용이 순식간에 사라지는 공포의 순간을 경험하고 싶지 않다면, 전체 구조와 핵심 메시지만 기억한 후 말하는 연습을 해야 한다. 이 과정에서 영상 촬영을 하거나 목소리를 녹음해서 모니터링하는 것은 큰 도움이 된다. 처음에는 자신의 목소리를 듣는 것이 어색하고 불편하지만 반복하면 친숙해진다. 친구나 동료들과 대화할 때 발표 내용에 대해 슬쩍 이야기해봐도 좋다. 발표와 비슷한 상황을 연출할 수 있다면 사람들 앞에서 발표해보는 것도 도움이 된다. 중요한 것은 말하는 기회를 많이 만드는 것이다.

코로나19로 인해 웨비나가 늘어나면서 카메라 앞에서 혼자 말하는 기회가 많아졌다. 발표 경험이 많은 사람은 자신감을 가지고 카메라 앞에 서지만 쉽지 않다는 것을 곧 알게 된다.

카메라 앞에서 말하는 것은 사람들 앞에서 말하는 것과 다르다. 발표할 내용의 스크립트를 잘 준비하고, 스크립트를 말하듯이 읽는 연습을 해야 한다. 촬영할 때에는 준비되어 있는 프롬프트를 통해 스크립트를 자연스럽게 읽어야 한다. 아나운서가 뉴스를 전할 때 준비된 스크립트를 말하듯이 읽는 것과 같다.

좋은 컨디션을 유지하라

한 기독교 방송의 토크프로그램에 출연했을 때였다. 단독 출연이라 긴장이 많이 되었는데 촬영하기 이틀 전에 집 이사를 해서 컨디션이 엉망이었다. 사전에 준비된 스크립트를 밤새 머릿속으로 되뇌느라 잠도 거의 못 잤다. 방송국에 도착해서 관계자들과 인사를 나누는데 입 주변 근육이 마비되어 있는 듯 상당히 불편했다. 한 시간 동안 촬영을 끝내고나니 무슨 말을 했는지 전혀 기억이 나지 않았다. 나중에 방송을 보니 얼굴은 퉁퉁 부어 있고 말은 속사포처럼 빨랐다.

열심히 준비해도 당일 컨디션이 좋지 않으면 자신의 기량을 충분히 발휘하지 못한다. 중요한 발표나 면접이 있는 날에는 며칠 전부터 건강 관리를 해야 한다. 노력이 수포로 돌아가는 것을 두 눈 뜨고 보고 있어서는 안 된다. 한 서울대 재학생에게 수

능시험을 몇 개월 앞둔 수험생들에게 어떤 말을 해주고 싶은지 인터뷰를 했다. 그때부터는 공부를 더 하는 것보다 컨디션을 잘 유지하는 것이 가장 중요하다고 했다. 잘 자고 잘 먹으면서 중요한 그날에 최상의 컨디션이 유지되도록 '컨디션 스케줄'을 잘 지켜야 한다.

긍정적인 자기 메시지를 외쳐라

"내가 제일 잘났어!"

사람들 앞에 서서 말하기 전에 내가 나에게 하는 말이다. 이 말은 긴장된 마음을 참 편안하게 해준다. 신기할 정도로.

사업 초창기에 기업 행사를 유치하기 위해 수시로 사람들 앞에서 발표를 해야 했다. 지금은 충분한 경험과 말하는 요령이 생겼지만 초창기에는 그렇지 않았다. 내 이야기를 듣는 사람들 중에는 기업 행사에 대해 나보다 경험이 많은 베테랑 마케터들도 있었다. 그렇다고 해서 주눅들 수는 없었다. 내가 할 수 있는 것은 "이 일을 가장 잘해낼 사람은 바로 나야!"라고 나 자신에게 계속 말하는 것이었다.

데일 카네기는 청중 한 명, 한 명이 돈을 꿔 간 사람이라도 되는 듯 의기양양하게 말하라고 했다. 청중이 돈 갚는 것을 연기해 달라고 사정하러 왔다고 상상하는 것은 심리적으로 도움이 된다고 했다.

봉준호 감독이 영화 〈기생충〉으로 오스카상 수상할 때 수상 소감을 통역했던 샤론 최는 관객석에 앉아 있는 사람들이 턱시도와 드레스를 차려 입은 멸치라고 생각했다고 말했다. 말을 듣는 사람들이 멸치든지 돈을 빌린 사람이든지 상관없다. 발표의 자리에서 가장 잘난 사람이 바로 자신이라는 것을 스스로 믿을 수 있도록 해야 한다.

자신감 있는 표정과 몸짓을 유지하라

미국의 심리학자 윌리엄 제임스 교수는 마음에서 우러나오는 명랑함이 사라졌을 때에 명랑해지기 위해서는 명랑함이 거기 있는 것처럼 말하고 행동하라고 했다. 그는 "행동이 감정을 따르는 것 같지만 실제로 행동과 감정은 동시에 일어난다. 또한, 의지에 직접적인 통제를 받는 행동을 조절함으로써, 의지로 통제되지 않는 감정도 간접적으로 통제할 수 있다."라고 말했다.

"심호흡을 하세요."

"가슴과 어깨를 펴세요."

"미소를 지으세요."

"두 팔은 양쪽으로 자연스럽게 내리세요."

"양손을 테이블 위에 편하게 올리세요."

"가장 편하게 느껴지는 자세를 취해보세요."

강연장에서 발표자들의 스피치를 코칭할 때 내가 주로 하는 말들이다. 자신감과 편안함을 함께 느낄 때 자신이 원하는 대로 말을 할 수 있게 된다.

불편함을 편안함으로 바꾸는 가장 빠른 방법은 '편안한 자세'를 취하는 것이고, 긴장감을 자신감으로 바꾸는 가장 빠른 방법은 '자신감 있는 자세'를 취하는 것이다. 너무 긴장될 때는 볼펜과 같은 작은 물건을 손으로 잡는 것도 도움이 된다. 낯선 사람들이나 낯선 공간에서 애착 인형이 어린아이에게 안정감을 주듯이, 자신에게 익숙한 물건은 심리적으로 도움이 될 수 있다. 사람들은 자신감 있는 자세를 보는 것만으로도 신뢰감을 느낀다.

원하는 모습을 상상하라

'프랑스 파리에 있다. 창으로 들어온 따뜻한 햇살이 내 머리 위에 내려 앉았다. 큰 테이블에 미국, 유럽, 한국 등 각국에서 온 사람들이 저마다 말을 하고 있다. 인터내셔널 컨퍼런스 중이다. 나는 한국팀 대표로 앉아 있다.' 오랫동안 상상하던 장면이다. 상상이 눈앞에 펼쳐져 있다는 것을 깨닫는 순간 소름이 돋았다.

'뭐 대단한 것도 아닌데…'라고 생각할 수도 있다. 나는 고3 때 담임선생님의 영어수업 시간에 수학책을 펼쳐놓아도 되는 영포자였다. 그 와중에 호텔리어나 관광가이드가 되고 싶다며 대학을 관광경영학으로 선택했지만 결국 영어는 넘사벽이었다. 그런 내가 외국에서 다양한 문화권의 사람들과 회의를 하고 있는 모습을 상상한다는 것은 참으로 웃기고도 슬프다. 남몰래 그렇게 상상했지만 진짜 그런 날이 올 줄은 몰랐다.

원하는 모습을 상상하는 것을 '심상화 기법'이라고 한다. 최근에는 '끌어당김의 법칙'이라고 하여 성공적인 삶으로 이끄는 핵심적인 방법으로 주목받고 있다. 쉽고 간단하지만 그 효과는 매우 뛰어나다.

자신이 원하는 모습이 있을 것이다. 사람들 앞에서 자신감 있게 말하는 모습, 이성 앞에서 매력적으로 대화를 이끄는 모습, 어떤 상황에서도 편안하게 대화하는 모습 등 그 모습을 생생하게 상상하고 그 상황에 느끼는 감정을 느껴보자. 처음에는 뜻대로 잘 안 될 수도 있다. 그 모습을 가장 잘 나타내는 이미지와 메모를 붙여놓으면 도움이 될 것이다.

●○○

"사람들 앞에서 어떻게 말을 잘할 수 있을까요?"라고 물었던 첼리스트인 지인은 이어 이렇게 말했다. "작가님은 사람들 앞에서 말할 기회가 많으니까 잘하실 것 같아요."라고. 그녀의 말에 해답이 있다. 많은 사람들 앞에서 자신감 있는 모습을 보이고, 자신을 신뢰하게 만드는 것은 결코 쉬운 일이 아니다. 그것을 해낼 수 있는 방법은 단 한 가지, 성공의 경험을 쌓아나가는 것이다. 그 과정에는 실패의 경험도 포함된다. 나는 사람들 앞에서 말할 기회가 생기면 무조건 연습의 기회로 삼았다. 해보니 나의 실수와 부끄러움에 관심을 갖거나 기억하는 사람은 없었다. 나만 털어버리면 될 일이었다. 그리고 조금씩 나아지는 경험을 통해 자신감을 얻었다. 우리가 가고 싶은 목적지를 향한 첫걸음을 내디딜지, 그 자리에서 멈춰 있을지는 각자의 선택이다. 첫걸음을 내디뎠다면 멈추지만 않으면 된다. 목적지는 분명하니까.

애쓰지 않고 원하는 것을 얻는 대화의 기술

말투 연습을 시작합니다

1판 1쇄 발행 2022년 1월 20일
1판 2쇄 발행 2022년 4월 18일

지은이 신경원
펴낸이 이봉우

콘텐츠본부 고혁 송은하 김초록 김지용 이영민
마케팅본부 송영우 윤다영
제작 어찬
관리 박현주

펴낸곳 (주)샘터사
등록 2001년 10월 15일 제1-2923호
주소 서울시 종로구 창경궁로35길 26 2층 (03076)
전화 02-763-8965(콘텐츠본부) 02-763-8966(마케팅본부)
팩스 02-3672-1873 | 이메일 book@isamtoh.com | 홈페이지 www.isamtoh.com

ⓒ신경원, 2022, printed in Korea

ISBN 978-89-464-7395-9 03190

값은 뒤표지에 있습니다.
잘못 만들어진 책은 구입처에서 교환해드립니다.

샘터 1% 나눔실천
샘터는 모든 책 인세의 1%를 샘물통장 기금으로 조성하여 매년 소외된 이웃에게 기부
하고 있습니다. 2021년까지 약 9,400만 원을 기부하였으며, 앞으로도 샘터는 책을 통해
1% 나눔실천을 계속할 것입니다.